COLEÇÃO MITOS:

Breve história do mito, Karen Armstrong
O elmo do horror, Victor Pelevin
Mel de leão, David Grossman
A odisséia de Penélope, Margaret Atwood

Companhia Das Letras

David Grossman
MEL DE LEÃO
[O mito de Sansão]

Tradução do hebraico
Tova Sender

Copyright © 2005 by David Grossman

Título original
Dvash Araiot — Sipur Shimshon (*Lion's Honey*)

Capa
Angelo Venosa

Preparação
Denise Pessoa

Revisão
Marise Simões Leal
Cláudia Cantarin

Dados Internacionais de Catalogação na Publicação (CIP)
(Câmara Brasileira do Livro, SP, Brasil)

Grossman, David
　　Mel de leão / David Grossman ; tradução do hebraico
Tova Sender. — São Paulo : Companhia das Letras, 2006.

　　Título original: Dvash — Sipur Shimshon (*Lion's Honey*)
　　ISBN 85-359-0945-1

　　1. Sansão (Juiz de Israel) – Crítica e interpretação 1.
Bíblia. A.T. Juízes – Crítica e interpretação 1. Título.

06-8642　　　　　　　　　　　　　　　　　CDD-222.3206

Índice para catálogo sistemático:
1. Sansão : Juízes : Livros históricos : Bíblia :
　　Interpretação e crítica 222.3206

[2006]
Todos os direitos desta edição reservados à
EDITORA SCHWARCZ LTDA.
Rua Bandeira Paulista, 702, cj. 32
04532-002 — São Paulo — SP
Telefone (11) 3707-3500
Fax (11) 3707-3501
www.companhiadasletras.com.br

Juízes 13

Mas os filhos de Israel tornaram a fazer o mal na presença do Senhor, e ele os entregou nas mãos dos filisteus durante quarenta anos.

Ora, havia um homem de Saraa, e da linhagem de Dan, chamado Manué, cuja mulher era estéril e não teve filhos, à qual apareceu o anjo do Senhor e lhe disse: Tu és estéril e sem filhos, mas conceberás e darás à luz um filho. Toma cuidado, não bebas vinho nem coisa que possa embriagar, nem comas coisa alguma impura; porque conceberás e darás à luz um filho, cuja cabeça não será tocada por navalha; pois que ele será nazireu de Deus desde a sua infância, e desde o ventre de sua mãe, e ele começará a livrar Israel das mãos dos filisteus.

Ela, indo ter com seu marido, disse-lhe: Veio ter comigo um homem de Deus, que tinha um rosto de anjo, em extremo terrível. Não perguntei de onde vem e seu nome não me disse, mas respondeu-me: Eis que conceberás e darás à luz um filho; toma cuidado, não bebas vinho nem coisa que possa embriagar, nem comas coisa alguma impura, porque o menino será nazireu de Deus desde a sua infância, desde o ventre de sua mãe, até ao dia da sua morte.

Manué, pois, fez oração ao Senhor e disse: Peço-te, Senhor, que o homem de Deus que enviaste venha outra vez e nos ensine o que devemos fazer acerca do menino que há de nascer. E o Senhor ouviu a oração de Manué, e o anjo de Deus apareceu de novo à sua mulher, estando sentada no campo. Não estava então com ela seu marido Manué. E ela, tendo visto o anjo, apressou-se e correu a seu marido e lhe noticiou, dizendo: Eis que me apareceu o homem que eu tinha visto antes.

E ele levantou-se e seguiu sua mulher; e tendo chegado ao homem disse-lhe: És tu que falaste a esta mulher? E ele respondeu: Sou eu. E Manué disse-lhe: Quando se tiver cumprido a tua palavra, que queres tu que faça o menino? Ou de que outra coisa se deverá ele abster? E o anjo do Senhor respondeu a Manué: Abstenha-se tua mulher de tudo o que eu lhe disse; e não coma nada do que nasce da vinha; não beba vinho, nem coisa que possa embriagar, não coma coisa alguma impura; e observe e cumpra o que lhe ordenei. E Manué disse ao anjo do Senhor: Rogo-te que condescendas com minhas súplicas, e que te preparemos um cabrito. O anjo respondeu-lhe: Ainda que me detenhas, não comerei do teu pão, mas se queres fazer um sacrifício, oferece-o ao

Senhor. E Manué não sabia que era um anjo do Senhor. E disse-lhe: Qual é o teu nome, para que, cumprida que seja a tua palavra, nós te honremos? O anjo respondeu-lhe: Por que perguntas tu o meu nome, que é admirável (*ou incompreensível*)?

Tomou, pois, Manué o cabrito e as libações, e pô-lo sobre a pedra, oferecendo-o ao Senhor, que faz maravilhas; e ele e sua mulher estavam vendo. E, quando a chama do altar subiu ao céu, subiu também o anjo do Senhor junto com a chama. À vista disto, Manué e sua mulher caíram com o rosto por terra, e não lhes apareceu mais o anjo do Senhor. E Manué compreendeu logo que era anjo do Senhor, e disse para sua mulher: Certamente morreremos, porque vimos a Deus. A mulher respondeu-lhe: Se o Senhor nos quisesse matar, não teria recebido de nossas mãos o holocausto e as libações, nem nos teria mostrado todas estas coisas, nem nos teria dito o que está para acontecer.

Ela, pois, deu à luz um filho, e pôs-lhe o nome de Sansão. E o menino cresceu, e o Senhor o abençoou. E o espírito do Senhor começou a ser com ele no campo de Dan entre Saraa e Estaol.

Juízes 14

Ora, Sansão desceu a Tamnata, e, tendo ali visto uma mulher das filhas dos filisteus, voltou e falou a seu pai e a sua mãe dizendo: Vi em Tamnata uma mulher das filhas dos filisteus; rogo-vos que a tomeis por esposa. Seu pai e sua mãe disseram-lhe: Porventura não há mulheres entre as filhas de teus irmãos, e entre todo o nosso povo, para que tu queiras casar com uma dentre os filisteus, que são incircuncidados? Mas Sansão disse a seu pai: Toma esta para mim, porque agradou aos meus olhos. Ora, seus pais não sabiam que isto se fazia por disposição do Senhor, e que ele buscava uma ocasião contra os filisteus, porque naquele tempo os filisteus dominavam sobre Israel.

Sansão, pois, com seu pai e sua mãe, foi a Tamnata. E, quando chegaram às vinhas da cidade, apareceu um leão novo e feroz, que rugia, e arremeteu contra ele.

Mas o espírito do Senhor apossou-se de Sansão, e ele despedaçou o leão, fazendo-o em bocados, como se fora um cabrito, sem ter coisa alguma na mão; e não quis contar isto a seu pai nem a sua mãe. Depois desceu e falou com a mulher que tinha agradado aos seus olhos.

E, voltando alguns dias depois para casar com ela, afastou-se do caminho para ver o cadáver do leão, e eis que na boca do leão estavam um enxame de abelhas e um favo de mel.

E tomando-o nas mãos, ia-o comendo pelo caminho; e, chegando aonde estavam seu pai e sua mãe, deu-lhes uma parte, que eles também comeram; mas não lhes quis dizer que tinha tirado aquele mel do corpo do leão.

Foi, pois, seu pai à casa da mulher, e preparou um banquete para seu filho Sansão, porque assim costumavam fazer os jovens (*noivos*). Tendo-o visto os habitantes daquele lugar, deram-lhe trinta companheiros para estarem com ele. E Sansão disse-lhes: Propor-vos-ei um enigma; e, se vós souberdes decifrá-lo dentro dos sete dias das bodas, dar-vos-ei trinta vestidos e outras tantas túnicas; mas se o não souberdes decifrar, dar-me-eis a mim trinta vestidos e outras tantas túnicas. E eles responderam-lhe: Propõe o enigma, para que o ouçamos. E ele disse-lhes:

Do que come saiu comida, e do forte saiu doçura.

Eles durante três dias não puderam decifrar o enigma.

E aproximando-se o dia sétimo, disseram à mulher de Sansão: Acaricia o teu marido, e faze que ele te descubra o que significa o enigma; e se o não quiseres fazer, queimar-te-emos a ti e à casa de teu pai: porventura nos convidastes vós para as bodas a fim de nos despojardes? E ela punha-se a chorar junto de Sansão e queixava-se dizendo: Tu odeias-me, e não me amas, por isso não queres declarar-me o enigma que propuseste aos filhos do meu povo. Mas ele respondeu: Eu não o quis descobrir a meu pai e a minha mãe, e poderei declará-lo a ti? Ela, pois, chorava diante dele durante os sete dias das bodas, e enfim, ao sétimo dia, sendo-lhe ela importuna, declarou-lho. E ela imediatamente o descobriu aos seus compatriotas. E eles, no sétimo dia, antes de se pôr o sol, disseram-lhe:

Que coisa é mais doce que o mel, e que coisa é mais forte que o leão?

E ele disse-lhes:

Se vós não tivésseis lavrado com a minha novilha, não teríeis decifrado o meu enigma.

E apoderou-se dele o espírito do Senhor, e foi a Ascalon, e matou lá trinta homens, e, tirados os seus vestidos, deu-os àqueles que tinham decifrado o enigma. E, sobremaneira irado, voltou para a casa de seu pai. Entretanto sua mulher (*julgando-se abandonada*), casou-se com um dos amigos e companheiros dele nas bodas.

Juízes 15

Algum tempo depois, estando já próximos os dias da ceifa do trigo, querendo Sansão visitar sua mulher (*para se reconciliar com ela*), foi, e levou-lhe um cabrito. E, querendo entrar como costumava na sua câmara, o pai dela o impediu, dizendo: Eu julguei que a odiasses, e por isso a dei a um teu amigo; mas ela tem uma irmã, que é mais nova e mais formosa do que ela, toma-a por mulher em seu lugar. Sansão respondeu-lhe: De hoje em diante não poderão os filisteus queixar-se de mim se eu lhes fizer mal. E partiu, e tomou trezentas raposas, e juntou-as umas às outras pelas caudas, e no meio atou fachos; e tendo-lhes chegado fogo, largou-as, a fim de que corressem para todos os lados. Elas meteram-se logo por entre as searas dos filisteus. E incendiadas estas, queimaram-se tanto os trigos enfeixados como os que ainda estavam por segar, de tal modo que também as vinhas e os olivais foram consumidos pelas chamas.

E os filisteus disseram: Quem fez isto? E foi-lhes dito: Foi Sansão, genro de Tamnateu, porque este lhe tirou sua mulher, e a deu a outro. E foram os filisteus, e queimaram tanto a mulher como seu pai. E Sansão disse-lhes: Não obstante terdes feito isto, eu ainda assim tirarei vingança de vós, e depois sossegarei. E fez neles um grande destroço, de sorte que, atônitos, punham as pernas sobre as coxas. E descendo (*dali*) habitou na caverna do rochedo de Etão.

Tendo, pois, ido os filisteus à terra de Judá, acamparam num lugar que depois se chamou Lequi, que quer dizer queixada, onde o seu exército foi desbaratado. E os da tribo de Judá disseram-lhes: Por que viestes contra nós? Eles responderam: Viemos prender Sansão, e pagar-lhe o que fez contra nós. Então foram três mil homens da tribo de Judá à caverna do rochedo de Etão, e disseram a Sansão: Tu não sabes que estamos sujeitos aos filisteus? Por que quiseste, pois, fazer-lhes isto? Ele respondeu-lhes: Eu fiz-lhes como eles me fizeram a mim. Nós viemos, disseram eles, para te prender, e para te entregar nas mãos dos filisteus. Jurai-me, disse-lhes Sansão, e prometei-me que não me haveis de matar. Eles responderam: Não te mataremos, mas entregar-te-emos ligado. Ligaram-no, pois, com duas cordas novas, e tiraram-no do rochedo de Etão.

E, chegando ao lugar da queixada e saindo-lhe ao encontro os filisteus com gritos, apoderou-se dele o espírito do Senhor, e como o linho costuma consumir-se ao cheiro do fogo, assim as cordas com que estava ligado foram quebradas e desfeitas (*por ele*). E, encontrando uma queixada, isto é, a mandíbula dum jumento, que jazia ali, tomando-a, matou com ela mil homens. E disse:

Com a queixada dum jumento os (*inimigos*) derrotei; com a mandíbula dum jumento mil homens matei.

E, logo que acabou de cantar estas palavras, lançou a queixada da mão e chamou àquele lugar Ramat-Lequi, que quer dizer elevação da queixada.

Sentindo muita sede, clamou ao Senhor, e disse: Tu foste o que salvaste o teu servo e que lhe deste esta grandíssima vitória. Eis que morro de sede, e cairei nas mãos dos incircuncidados. Abriu, pois, o Senhor um dos dentes molares da queixada do jumento, e saíram águas. E Sansão, bebendo delas, recobrou alento e recuperou as forças. Por isso foi aquele lugar chamado até o dia de hoje, em hebraico, de En-Coré, que significa "fonte do que invoca", saída da queixada. E julgou Israel durante vinte anos nos dias (*da dominação*) dos filisteus.

Juízes 16

Sansão foi também a Gaza, e viu lá uma mulher meretriz, e entrou em casa dela. Tendo ouvido isto os filisteus, e tendo-se espalhado entre eles que Sansão tinha entrado na cidade, cercaram-no, pondo guardas às portas da cidade, esperando-o ali toda a noite em silêncio, para o matarem pela manhã, ao sair. Sansão, porém, dormiu até meia-noite; e depois, levantando-se, pegou em ambos os batentes da porta com os seus postes e fechaduras, e, pondo-os às costas, levou-os até o alto do monte que olha para Hebron.

Depois disto amou uma mulher, que habitava no vale de Sorec, e se chamava Dalila. E os príncipes dos filisteus foram ter com ela, e disseram-lhe: Engana-o, e sabe dele donde lhe vem tanta força e de que modo o poderemos vencer e castigar depois de atado; se fizeres isto, cada um de nós te dará mil e cem moedas de prata.

Dalila disse, pois, a Sansão: Dize-me, te peço, em que consiste esta tua tão grande força, e que coisa haverá com a qual estando tu ligado não possas escapar-te? Sansão respondeu-lhe: Se eu for ligado com sete cordas de nervos frescos e ainda úmidos, ficarei tão fraco como os outros homens. E os príncipes dos filisteus trouxeram-lhe sete cordas, como ela tinha dito, com as quais ela o atou, e estando eles de emboscada escondidos na sua casa, esperando na câmara o êxito da traição, ela gritou: Sansão, os filisteus estão sobre ti. Ele quebrou as cordas, como se quebra um fio torcido de estopa, ao chegar-lhe o cheiro do fogo; e não se pôde conhecer em que consistia a sua força.

E Dalila disse-lhe: Eis que zombaste de mim, e não disseste a verdade; ao menos agora descobre-me com que deves ser atado. Ele respondeu-lhe: Se me atarem com umas cordas novas, que ainda não tenham servido, ficarei sem força, e semelhante aos outros homens. Dalila atou-o com elas, e gritou: Sansão, os filisteus estão sobre ti; e tinham-se preparado ciladas numa câmara. Mas ele quebrou as cordas como fios de uma teia. E Dalila tornou-lhe a dizer: Até quando tu me hás de enganar, e dizer falsidades? Descobre-me como deves ser atado. Sansão respondeu-lhe: Se entreteceres as sete tranças da minha cabeça com os liços da teia, e atares isto a um prego e cravares este na terra, ficarei sem forças. Dalila, tendo feito isto, disse-lhe: Sansão, os filisteus estão sobre ti. Ele, despertando do sono, arrancou o prego com os cabelos e os liços.

E Dalila disse-lhe: Como dizes tu que me amas quando o teu coração não está comigo? Tens-me mentido, por três vezes, e nunca me quiseste dizer em que consiste a tua grandíssima força. E, como o importunasse, e durante muitos dias se não tirasse de junto dele, sem lhe dar tempo para descansar, desmaiou (*enfim*) o ânimo de Sansão, e caiu num desfalecimento mortal. Então, descobrindo-lhe a verdade da coisa, disse-lhe: Sobre a minha cabeça nunca passou navalha, porque sou nazireu, isto é, consagrado a Deus desde o ventre de minha mãe; se me for rapada a cabeça, ir-se-á de mim a minha força, e eu desfalecerei, e serei como os outros homens. E, vendo ela que Sansão lhe tinha patenteado todo o seu coração, mandou dizer aos príncipes dos filisteus: Vinde ainda esta vez, porque ele me descobriu agora o seu coração. E eles foram, levando o dinheiro que lhe tinham prometido. E ela fê-lo adormecer sobre os seus joelhos, e reclinar a cabeça no seu seio. E chamou um homem para lhe cortar as sete tranças, e começou a repeli-lo, e a lançá-lo de si, pois imediatamente se foi dele a força. E disse: Sansão, os filisteus estão sobre ti. Despertando ele do sono, disse em seu coração: Sairei como antes fiz, e me desembaraçarei deles, não sabendo que o Senhor se tinha retirado dele. E os filisteus, tendo-o tomado, tiraram-lhe logo os olhos, e levaram-no a Gaza, atado com cadeias, e, encerrando-o no cárcere, o fizeram girar a mó.

Ora, os seus cabelos já lhe tinham começado a renascer, quando os príncipes dos filisteus se juntaram para imolar solenes hóstias ao seu deus Dagão, e para se banquetearem, dizendo: O nosso deus entregou em nossas mãos o nosso inimigo Sansão. E também o povo, vendo isso, louvava o seu deus, e dizia o mesmo: O nosso deus entregou em nossas mãos o nosso adversário, que devastou a nossa terra, e matou muitos. E, alegrando-se nos banquetes, depois de terem comido bem, mandaram que fosse chamado Sansão, para que os divertisse. E, tendo-o tirado do cárcere, os divertia, e fizeram-no estar em pé entre duas colunas. E ele disse para o jovem que o guiava: Deixe que eu toque as colunas, em que se sustém toda a casa, e que me encoste a elas e descanse um pouco. Ora, a casa estava cheia de homens e mulheres, e estavam ali todos os príncipes dos filisteus, e cerca de três mil pessoas de um e outro sexo, que do teto e do pavimento estavam vendo Sansão que os divertia. Ele, porém, invocando o Senhor, disse: Senhor Deus, lembra-te de mim, e torna-me a dar agora a minha primeira força, ó Deus meu, para me vingar dos meus inimigos, e fazer pagar duma só vez a perda dos meus dois olhos. E, agarrando as duas colunas em que a casa se sustinha, e, pegando numa com a mão direita e noutra com a esquerda, disse: Morra eu com os filisteus; e, sacudindo com grande força as colunas, a casa caiu sobre todos os príncipes, e o resto da multidão que ali estava; e foram muito mais os que matou ao morrer do que os que matara antes quando vivo.

E, vindo seus irmãos e toda a sua parentela, tomaram o seu corpo, e sepultaram-no entre Saraa e Estaol, no sepulcro de seu pai Manué. E ele fora juiz de Israel durante vinte anos.

Introdução

"Sansão, o herói" é como toda criança judia aprende a denominar quando depara pela primeira vez com a leitura da história; e é dessa forma, mais ou menos, que ele é apresentado em centenas de obras de arte e literatura, teatro e cinema em todos os tempos e em diversos idiomas: um herói mitológico e guerreiro valente, o homem que dilacerou um leão com as próprias mãos, líder carismático nas guerras entre judeus e filisteus e, sem dúvida, um dos personagens mais agitados e multicoloridos da Bíblia.

A narrativa que leio nas páginas da minha Bíblia, porém, é em certa medida a negação da história do famoso personagem Sansão: não exatamente o corajoso líder nacional (que na verdade nunca liderou seu povo), não nazireu de Deus (pois era, vamos admitir, inundado de luxúria e abominação), nem apenas um assassino musculoso. A meu ver, mais que tudo isso, essa é a narrativa da história de uma pessoa cuja vida foi uma luta constante para se adaptar ao poderoso destino que lhe foi imposto, destino que jamais pôde concretizar e que, ao que tudo indica, também não conseguiu entender completamente. A história de um menino que nasceu estranho ao pai e à mãe; de um homem de músculos fortes que, sem cessar, esperou ganhar o amor dos pais — e, portanto, o amor em geral —, o que jamais obteve.

Na verdade, há poucas narrativas na Bíblia com tanto drama e ação, e até mesmo "fogos de artifício" no enredo e emoções verdadeiras, quanto a história de Sansão: a luta com o leão, trezentas raposas ardendo em chamas, as mulheres com quem se deitou, a única mulher a quem amou, a traição que sofreu de todas as mulheres de sua vida, desde a mãe até Dalila; e, por fim, o suicídio assassino, quando faz desmoronar sobre a própria cabeça a casa com três mil filisteus. No entanto, para além da impulsividade selvagem, do caos, do tumulto, revela-se aos nossos olhos a história de uma vida que é, no fundo, a jornada de suplícios de uma alma solitária e atormentada que nunca encontrou um lugar no mundo que fosse um lar de verdade, e da qual até mesmo o próprio corpo era um sombrio território de exílio. Para mim, essa descoberta, esse reconhecimento, é o ponto no qual o mito — por meio de suas imagens grandiosas, suas aventuras fora do comum — se infiltra silenciosamente na existência cotidiana de cada um de nós, nos nossos momentos mais particulares, nos nossos segredos mais recônditos.

Há um momento na história de Sansão — o momento em que ele dorme sobre os joelhos de Dalila — que parece absorver e condensar toda a narrativa. Sansão se recolhe a uma realidade infantil, quase de um bebê, desarmada da violência, da loucura e dos instintos que tanto instigaram e arruinaram sua vida. Esse é, certamente, também o momento em que seu destino é selado, pois Dalila já segura nas mãos as mechas de cabelo e a navalha, e os filisteus lá fora já se deliciam com a vitória. Mais um instante, e seus olhos serão perfurados e sua força estará perdida. Mais um pouco, e ele será levado à prisão e seus dias chegarão ao fim. E é justo ali que ele encontra alívio, talvez pela primeira vez na vida; no âmago da cruel traição que por certo sempre esperou, Sansão encontra afinal a paz, o descanso de si mesmo e do tempestuoso drama de sua vida.

* * *

Naqueles dias, aparentemente final do século XII e início do século XI a. C., não havia ainda rei em Israel, nem governo central. Os povos vizinhos, madianitas, cananeus, moabitas, amonitas e filisteus, aproveitaram-se da fraqueza das tribos hebraicas e se lançaram contra elas em campanhas de conquista e saque. Às vezes aparecia em Israel um homem que sabia conduzir sua tribo, ou mesmo algumas tribos juntas, numa batalha de retaliação. Quando saía vencedor, tornava-se líder e julgador, e era denominado "juiz". Entre eles estavam Gedeão e Jefté, Aod, filho de Gera, Samgar, filho de Anat, e Débora, mulher de Lapidot. Assim, em ciclos permanentes de servidão e salvação, moviam-se os filhos de Israel. Essa periodicidade equivalia, de acordo com a narrativa do livro dos Juízes, às suas transgressões e arrependimentos: de início pecavam e adoravam outros deuses, e Deus então os atingia com o ataque dos povos ao redor. Com o sofrimento, clamavam por misericórdia, e Deus escolhia dentre eles um homem para salvá-los.

Nesse agitado turbilhão viviam um homem e uma mulher da tribo de Dan. Eles habitavam Saraa, na planície de Judá, uma região especialmente violenta, pois naquela época a planície era uma linha divisória entre Israel e os filisteus. Para os israelenses tinha a função de uma primeira linha de defesa diante dos filisteus; e para os filisteus era o primeiro passo, obrigatório, em todas as tentativas de conquistar as montanhas de Judá. O nome do homem era Manué, e o nome da mulher não é conhecido. Dela é dito apenas que era "estéril e não teve filhos", e isso basta para deduzir que ambos conheciam bem não apenas as adversidades da vida na fronteira, como também a aflição e a dor na intimidade conjugal.

Mas quem conhece um pouco a simbologia das histórias da Bíblia sabe que uma mulher estéril é quase sempre uma promessa de gravidez predestinada. Assim, um dia — em um dos períodos em que os filhos de Israel persistiam em "fazer o mal na presença do Senhor" —, enquanto a mulher está sozinha, sem o marido, aparece diante dela um anjo de Deus e anuncia: "Tu és estéril e sem filhos, mas conceberás e darás à luz um filho". E imediatamente lhe dita uma relação de instruções e advertências, e também alegres notícias: "Toma cuidado, não bebas vinho nem coisa que possa embriagar, nem comas coisa alguma impura; porque conceberás e darás à luz um filho, cuja cabeça não será tocada por navalha; pois que ele será nazireu de Deus desde a sua infância, e desde o ventre de sua mãe, e ele começará a livrar Israel das mãos dos filisteus".

Ela se dirige ao marido. "Veio ter comigo um homem de Deus", diz, e o ouvido do leitor se apruma um pouco, porque a mulher não faz uso do verbo adotado pelo narrador bíblico ao descrever o encontro — "à qual *apareceu* o anjo do Senhor" —; ela usa justamente a expressão "veio ter comigo", expressão carregada e ambígua que não raro é usada na Bíblia para descrever o próprio coito.

O marido também, talvez, apruma o ouvido, e a mulher se apressa em descrever para ele o estranho: "[...] que tinha um rosto de anjo, em extremo terrível", ela explica. "E tendo-lhe eu perguntado quem era, e donde tinha vindo, e como se chamava, não mo quis dizer." E nas palavras dela parece possível ouvir um tom de justificativa — tão assustadora era a imagem do homem que nem ocorreu a ela perguntar de onde vinha, ou mesmo o seu nome.

E o marido, Manué, como ele reage agora, e o que quer dizer o seu silêncio? Talvez ele esteja franzindo a testa de espanto, tentando extrair alguma pergunta de dentro do tumulto repentino que a mulher impõe sobre a sua vida, mas ela não espera que ele pergunte, e rapidamente — quase com afobação — continua a amontoar diante dele a nova informação: O homem de Deus me disse "conceberás" e garantiu que vou dar à luz um menino e ordenou que eu não beba vinho nem álcool, e também que não coma impurezas, pois o jovem será nazireu de Deus desde o ventre até o dia da sua morte...

Eis que lhe contou tudo. Descarregou de si a angústia do encontro e a notícia inusitada, e o texto não menciona nem um sopro de sentimento que perpasse entre eles, nem um sorriso ou olhar delicado; e não é de espantar, porque na maior parte das vezes a Bíblia é muito concisa ao descrever os sentimentos de seus heróis — a Bíblia é uma narrativa de ações e fatos — e deixa por nossa conta, por conta de cada leitor, o trabalho da adivinhação, trabalho por si só emocionante e que também contém os riscos conhecidos da seleção e sedução do imaginário. Apesar disso, ousaremos fazer nas próximas páginas o que fizeram antes de nós várias gerações de leitores, que leram o condensado texto bíblico de acordo com a sua própria crença, os conceitos de sua época e as suas tendências subjetivas, e atribuíram significados e suposições (e às vezes até fantasias e desejos pessoais) a cada letra e palavra.[1]

E assim, com o cuidado necessário, mas também com o prazer da adivinhação e da fantasia, tentaremos imaginar, de acordo com o nosso entendimento, o encontro do casal, ela falando e ele ouvindo, ela se estendendo na fala e ele sem dizer nem uma palavra. E não há como saber o que o seu silêncio inspira, talvez emoção e alegria, ou talvez irritação com a mulher, que fala com tanta liberdade com um homem estranho; e é possível ainda imaginar se ela, ao falar, olha direto nos olhos do marido ou baixa o olhar diante dele, a quem, por algum motivo, o anjo não apareceu. E também, se ao menos uma pequena parte de tudo o que foi descrito aqui aconteceu mesmo, não há dúvida de que as novidades podem transportar os dois até as raízes da alma e agitar os fluxos mais profundos entre ele e ela, entre ele e a longa esterilidade dela e sua surpreendente gravidez, e talvez até entre ela e a debilidade e falta de vigor do marido, pois alguma coisa nele já começa a se insinuar, ao que parece, nessa curta cena.

E nós, que observamos esse carregado momento familiar, estamos tão tomados por ele que quase não atentamos para o fato de que o relato da mulher ao marido é um pouco diferente do que lhe foi dito. Faltam nele dois detalhes centrais: ela não conta que é proibido passar a navalha na cabeça do filho que lhes nascerá, e não diz ao marido que esse filho "começará a livrar Israel das mãos dos filisteus".

Por que ela omite esses detalhes tão importantes?

É possível justificar que, em relação à navalha, ela tenha esquecido, simplesmente esquecido, devido à emoção e ao espanto. Sem dúvida, estava muito agitada, e pensou que Manué entenderia por si só que, se o filho será nazireu, incidem sobre ele as leis referentes aos nazireus, conhecidas por todos, que proíbem passar navalha sobre a cabeça. Mas como é possível explicar a segunda omissão? Como pode uma mulher omitir do marido — talvez esconder mesmo dele — uma informação tão significativa em relação ao filho que lhes irá nascer, informação que certamente poderia lhe transmitir satisfação e orgulho, e talvez também compensar de alguma forma os anos estéreis e amargos?

Para entender isso, para *entendê-la*, é preciso voltar a ler a narrativa do ponto de vista dela: como foi dito, nem mesmo o seu nome o texto indica. A palavra "estéril" é a única coisa que se diz a respeito da mulher, até duplamente: "estéril e não teve filhos". A ênfase insinua que há longos anos ela espera por uma criança que não chega. É possível que já tivesse desistido da possibilidade de ter uma criança algum dia. E é bem provável que esse "atributo", "estéril", já tivesse passado a servir-lhe de cognome, atribuído pelos outros, na família e na tribo, e em toda Saraa. E quem sabe talvez também o marido, numa hora de irritação, a tivesse golpeado uma ou duas vezes com um inflamado "estéril", e até ela, no íntimo, tivesse transformado esse cognome no seu próprio nome, oculto, como uma punhalada permanente com a qual ela se fere toda vez que pensa a respeito de si e de seu destino.

E eis que essa mulher que é "estéril e não teve filhos" obtém repentinamente a revelação de um anjo que lhe anuncia que em breve ela dará à luz. Mas então, no instante da concretização do seu sonho, enquanto ainda vivencia decerto uma grande felicidade, o anjo acrescenta: "pois que ele será nazireu de Deus desde a sua infância, e desde o ventre de sua mãe, e ele começará a livrar Israel das mãos dos filisteus".

E ela é tragada por um vertiginoso torvelinho de pensamentos e emoções.

Um filho nascerá dela. *Dela*. Até esse momento ela nada sabia a respeito disso, lógico. O anjo antecipou a informação e lhe comunicou. E talvez no momento em que ele comunicou, ela tenha sentido internamente uma agitação estranha (anjos sabem que toda revelação necessita de uma prova concreta). E quase não há dúvida de que ela sentiu também orgulho, pois seu filho será aquele que salvará Israel: que mãe não se orgulharia do fato de que, de dentro dela, sairá o salvador de seu povo?

Mas talvez num canto discreto do seu coração a alegria não seja completa.

Pois uma compreensão posterior, ainda obscura, começa a atormentá-la: ela não engravida de um filho seu, íntimo, particular, mas de algum "personagem nacional", nazireu de Deus e também salvador de Israel. E essa virtude não é o tipo de coisa que se desenvolve gradativamente, com o passar dos anos, de modo que seja possível acostumar-se a ela e ir crescendo junto até atingir a comprometedora função de "mãe do salvador", mas pelo visto acontece no mesmo instante, de forma repentina, definitiva e inevitável, "pois que ele será nazireu de Deus desde [...] o ventre [...]".

Ela tenta entender: essa criança, esse filho tão desejado, no momento em que lhe foi concedida, no momento em que despontou dentro dela, já foi tocada, é de supor, por uma outra entidade, estranha, o que significa — e aqui talvez ela sinta uma punhalada aguda e desconhecida no coração — que essa criança nunca será só dela.

Será que ela entende tudo isso de imediato? Não há como saber: todo esse episódio decerto a deixa soterrada, e pode ser que nesse momento ela tenha sentido apenas alegria pela gravidez e orgulho pela criança especial que nascerá dela, justo *dela*, e não de nenhuma daquelas pessoas da aldeia e da tribo que a viam apenas como a que é "estéril e não teve filhos". Mas é possível supor que nalgum lugar profundo dentro de si a mãe de Sansão soubesse com uma convicção muito feminina, intuitiva — convicção que não tem a ver com nenhuma fé religiosa nem com o temor de Deus —, que aquilo que lhe é dado também lhe é tomado no mesmo instante. Que seu momento mais íntimo consigo mesma, como mulher, foi confiscado e passou a ser um evento público, partilhado com estranhos (incluindo nós, que nos ocupamos dessa história depois de milhares de anos), e por isso, num movimento instintivo de distanciamento e negação, ela expulsa de si uma parte daquela informação perturbadora.

E aqui vem à memória outra mulher das histórias da Bíblia, cujo destino é semelhante ao da mãe de Sansão: Ana, que rezou chorando e prometeu que se tivesse um filho o consagraria a Deus como nazireu; só depois dessa promessa nasceu-lhe Samuel, e ela teve de entregá-lo a Heli, o sacerdote. As duas histórias incomuns de gravidez carregam com elas — do ponto de vista humano, simplesmente — a incômoda sensação de que Deus de algum modo explorou o desespero dessas mulheres, tão ávidas de engravidar e dar à luz que se dispuseram a aceitar qualquer "sugestão" relativa ao destino da criança, até mesmo — na linguagem dos nossos dias — servir como "barriga de aluguel" para os planos grandiosos de Deus.

A mulher de Manué vai até o marido e lhe conta a respeito do encontro, e já provamos que seu relato parece quase defensivo e detalhado em excesso: aparentemente ela revela tudo, mas por algum motivo dá justo a impressão de que oculta. Convém lembrar aqui que não poucos intérpretes da história — entre eles poetas e dramaturgos, pintores e escritores que se ocuparam do personagem Sansão através de gerações — insinuaram que Sansão nasceu em conseqüência da relação que se criou entre sua mãe e aquele "homem de Deus". Outros, como o escritor Zeev Jabotinsky em seu maravilhoso livro *Sansão*, foram além e levantaram a possibilidade de Sansão ter nascido em conseqüência de uma relação romântica que teria ocorrido entre sua mãe e um homem filisteu de carne e osso.[2] De acordo com essa interpretação, toda a questão de "um homem de Deus que veio ter com ela" era na verdade só uma desculpa que ela inventou, na falta de alternativa, para justificar aos ouvidos do marido a gravidez constrangedora. Essa, entende-se, é a suposição que tempera com sabores mais fortes o tema das complexas relações de Sansão com os filisteus. Mas nós, apesar da tentação, confiaremos na versão da mãe de Sansão, porque logo descobriremos que, justamente, se ela disse a verdade, sua grande e inevitável traição não foi exatamente contra o marido.

Porque após comunicar a Manué que lhes nascerá um filho, ela anuncia a segunda notícia, e, como já foi lembrado, não cita por completo as palavras do anjo: não menciona a proibição do corte de cabelo e omite as palavras referentes à "função nacional" do filho como salvador de Israel no futuro. "Ele será nazireu de Deus desde [...] o ventre", ela diz, e para concluir acrescenta ainda três palavras suas: "até o dia da sua morte".*

Esse, sem dúvida, é um acréscimo que provoca espanto: uma mulher, a quem ainda agora informaram que dará à luz uma criança depois de anos de esterilidade, conta ao marido o que está previsto para o filho deles — e então fala do *dia da sua morte*?!

Mesmo quem não tem filhos, quem nunca vivenciou o momento da descoberta da gravidez nem a ocasião de dar a notícia ao parceiro sabe que nessa hora não há nada mais distante do pensamento e do coração do que refletir a respeito do "dia da morte" da criança que ainda nem nasceu. E ainda que muitos pais ansiosos se preocupem com os possíveis riscos, chegando mesmo ao ponto da obsessão, eles não se mostram de modo nenhum inclinados a pensar no filho como um velho, consumido, extinto, e muito menos morto. Construir uma imagem mental como essa exige uma ação vigorosa, quase agressiva de estranhamento, aparentemente contrária ao instinto natural da paternidade.

Uma mulher que pensa, que fala em voz alta sobre o dia da morte da criança que começa a se formar em seu útero deve ter um grau notável de impiedosa sobriedade. Uma mulher assim, nesse momento, assume uma postura de alheamento que beira a crueldade — em

---

* Em hebraico a expressão "até o dia da sua morte" é composta por três palavras: *ad iom motó*. (N. T.)

relação à criança, em relação ao pai que a ouve, e, não menos, em relação a si mesma.

O que, então, teria levado a mulher de Manué a acrescentar por iniciativa própria essas palavras?

Vamos "voltar o filme" e tentar examinar o que acontece nele. O anjo anuncia a notícia e desaparece. Ela corre para o marido e no íntimo mistura a dupla informação: está grávida ou está por engravidar, mas a criança — como dizer? — não é completamente dela. Não é como todas as crianças para suas mães. Não é senão como um penhor que lhe foi imposto, e ela sabe que penhores, no fim, devem ser devolvidos.

Alguma coisa começa a lhe pesar nas pernas: quem é, então, a criança que ela gera dentro de si? Será que é toda feita dos fluidos e da "matéria-prima" dela e do marido? Então, por que sente que desde já ela se dilui numa outra substância, estranha e indecifrável, enigmática e sobre-humana (e talvez por isso também um pouco desumana)?

Aqui, num salto de pensamento de alguns milhares de anos adiante, vem à lembrança uma entrevista jornalística emocionante com a mãe de Andrei Sakharov, o famoso físico vencedor do prêmio Nobel. Ela se referiu a ele com orgulho, certamente, e com amor, mas no final da entrevista disse, como num suspiro: "Às vezes me sinto como uma galinha que deu à luz uma águia". E nessas palavras foi possível ouvir também um som agudo adicional — de assombro, distante do som do amor simples, natural. Foi possível sentir o olhar dela, um pouco admirado, afastando o filho de seu coração materno e colocando-o num lugar onde fosse possível vê-lo com total objetividade, como algum fenômeno ou uma pessoa completamente estranha e distante: como se a própria mãe o colocasse sobre um alto pedestal, e o observasse a distância — ou com distanciamento — do lugar a partir de onde o observam todas as criaturas do mundo, e de lá ela pergunta secretamente: Quem é você? O quanto você é meu de verdade?

E talvez também a mãe de Sansão, quando vai levar a notícia ao marido, seja assolada no íntimo por questões como essas — O quanto ele é meu? Será que é essa a criança pela qual rezei? Será que poderei dedicar-lhe o amor intenso, natural, o amor que durante tanto tempo ansiei por dedicar a uma criança minha?

E então, quando encontra o marido e apresenta os fatos diante dele, em voz alta, as palavras penetram de repente no seu próprio entendimento com toda a força, com todo o seu significado e complexidade. Quando ela se aproxima das palavras "pois que ele será nazireu de Deus desde [...] o ventre", é quase possível sentir como se alguma coisa nela se detivesse, perturbasse e congelasse, e, em vez de concluir a citação exata das palavras do anjo, a mulher engole as palavras dele e expele outras, inesperadas, que talvez tenham também surpreendido a ela própria: "até o dia da sua morte".

Se estendemos um pouco a descrição desse momento, é devido à sensação de que aquele que foi observado pela mãe, ainda que rapidamente, com essa distância, aquele cuja mãe o perdeu ainda antes de nascer, será eternamente um pouco estranho, e também distante nos seus contatos com as pessoas; sempre lhe faltará a aptidão para o contato natural, que é aparentemente simples para seus semelhantes, e jamais poderá ser — como o próprio Sansão expressou até o fim dos seus dias — "como todos os homens".

E assim, se a mãe de Sansão "se curou" milagrosamente de sua esterilidade, parece que ela repassa ao filho a esterilidade como metáfora, que decreta a separação de um fundamento natural, primordial da existência humana — um caso único de "esterilidade hereditária".

Deus, porém, e não a mãe de Sansão, foi quem decretou que o filho será nazireu, o que significa alguém que impõe uma separação entre si mesmo e a vida — e na palavra hebraica que corresponde a "nazireu" ouvimos claramente não apenas o radical do verbo "prometer" mas também a palavra "estranho"* —, e apesar disso é difícil não sentir que esse era o olhar da mãe sobre o filho, o olhar mais interior sobre o feto dentro dela, e foi esse veredicto decisivo e medonho que marcou, não menos que o decreto divino, o destino de Sansão por toda a vida, até o dia da sua morte.

---

* O radical do verbo "prometer" é composto pelas letras N-D-R, e a palavra "estranho" é formada pelas consoantes Z-R. Em ambos os casos, nota-se a semelhança com o radical de "nazireu" N-Z-R. (N. T.)

* * *

A estranheza conferida sobre aquele que ainda não nasceu se aprofunda de imediato, duplamente: Manué, surpreso, ora a Deus e pede instruções adicionais: "Peço-te, Senhor, que o homem de Deus que enviaste venha outra vez e nos ensine o que devemos fazer acerca do menino que há de nascer".

"*O menino* que há de nascer"? Ainda no ventre da mãe, Sansão já é definido e delimitado pelo pai, numa definição distanciada, meio formal. E mesmo que os lábios de Manué tenham desejado durante anos pronunciar outras palavras, "nosso filho", "meu filho", "meu menino", ele trata imediatamente de fazer uso da colocação que lhe transmitiu sua mulher, de acordo com o homem de Deus, talvez por sentir que desde já deve assumir certa distância de temor diante de quem num futuro próximo será uma figura de grande importância.

E Manué talvez adivinhe mais alguma coisa: que será preciso lidar com esse jovem com o cuidado que se teria com um vaso precioso — talvez precioso demais —, um cuidado que em certa medida está acima dos recursos espirituais dos pais; e que essa não é uma criança que poderá ser criada de acordo com o instinto natural, e por favor, Deus, acrescente logo instruções adicionais...

De fato o anjo volta, mas novamente escolhe aparecer para a mulher "estando sentada no campo e [quando] não estava [...] com ela seu marido Manué". E com isso se fortalece ainda mais a impressão de que o anjo prefere por algum motivo decretar a informação, o segredo, justamente para a mulher, e que ele trata de encontrá-la quando está sozinha, e não simplesmente sozinha, mas quando o marido não está com ela. Ela porém — talvez devido ao medo das más línguas, ou talvez por fidelidade ao marido e pela sensação de partilhar o destino com ele — quer que Manué presencie o encontro. Desta vez o narrador entra um pouco em detalhes: "[...] apressou-se e correu a seu marido e lhe noticiou [...]". E podemos imaginar suas pernas correndo entre as espigas, os braços se movimentando com vigor cortando o ar, e também os pensamentos voando dentro da cabeça, e ela chega até Manué e conta que o mesmo homem "que veio ter comigo de dia" lhe aparecera outra vez.

"E ele levantou-se e seguiu sua mulher."

O som e a ressonância dessas palavras são suficientes para traduzir o movimento pesado e fraco de Manué (também o nome, Manué, no hebraico posterior significa, como se sabe, "o morto"). E assim, com cinco palavras,* em contraste com "apressou-se e correu a seu marido e lhe noticiou", o narrador o desenhou como um "vagabundo" que se arrasta atrás da ágil mulher; por esse motivo Manué é censurado no Talmude e até chamado de "ignorante", porque transgrediu as "normas

---

* Em hebraico, "E ele levantou-se e seguiu sua mulher" condensa-se em cinco palavras: *Vaikom vaielech Manoach acharei ishtó*. (N. T.)

de caminhada" estabelecidas e aceitas no Talmude, segundo as quais "não andará um homem atrás da mulher pelo caminho, ainda que seja sua mulher; se estiverem na ponte, ela estará ao lado dele, e todo aquele que andar atrás da mulher ao cruzar o rio não terá parte no mundo vindouro".[3] Vai portanto Manué "atrás da mulher", encontra o estranho e reflete sobre ele. Apesar de, antes disso, ter rogado a Deus e pedido expressamente que Ele enviasse de novo o "homem de Deus", pode ser que a suspeita ainda esteja afligindo seu coração, pois quem é o homem que sua mulher encontrou sozinha no campo — duas vezes — e que logo a fez saber que em breve daria à luz? "És tu que falaste a esta mulher?", ele pergunta, e também o leitor que não estava lá pode sentir pelas palavras a aflição do olhar que ele dirige ao anjo, e ouvir nelas uma mescla de suspeita e ciúme, e, ao que parece, também um abatimento de quem reconhece sua inferioridade.

Cabe assinalar que Manué não pergunta: "Você é o homem que veio ter com esta mulher?". Talvez alguma coisa o impeça de assumir a dura palavra que ela menciona numa situação pesada como essa — na qual se apresentam dois homens e uma mulher possivelmente grávida —, capaz de conduzir os três a um confronto aberto. Apesar disso, Manué denomina o estranho como "homem", e não como "homem de Deus", e também vincula, num só fôlego, "o homem" e "a mulher", como se criasse em volta deles um tipo de bolha íntima de duas pessoas, de um casal, enquanto ele permanece fora, e assim expõe com mais força a suspeita e a chama do ciúme que se insinua por trás das suas palavras.[4]

E o anjo, resumidamente, declara: "Sou eu".

"Quando se tiver cumprido a tua palavra, que queres tu que faça o menino?", diz Manué, e também nessa fala transparece um tom de teste e suspeita em relação ao estranho, e talvez em relação ao filho prometido. Percebe-se que Manué ainda não acredita que conversa com o homem de Deus, muito menos com um *anjo*, porque se não fosse assim teria certamente se prostrado à sua presença, e não teria se dirigido a ele dessa maneira, sem nenhuma palavra de respeito ou de súplica.

E aqui uma pergunta se insinua: será que o anjo modificou completamente seu aspecto entre as duas "aparições", diante da mulher e diante do marido? Pois está claro que aos olhos de Manué ele não aparece com uma imagem brilhante, e sem dúvida nem como um "anjo em extremo terrível". Teria a mulher exagerado, por algum motivo, a descrição após o encontro com ele, ou talvez não houvesse nada diferente em seu aspecto, e a diferença essencial estivesse apenas na possibilidade de o casal captar os verdadeiros sinais e indícios, mesmo ocultos, do seu interlocutor?

O anjo detalha mais uma vez as instruções e o comportamento necessários para garantir o nascimento e o modo de criação adequados do nazireu de Deus. Se bem que é difícil não perceber que durante toda a conversa ele fala com Manué com visível má vontade, como um anjo tomado por um demônio, e acentua a posição secundária de Manué em relação à mulher: "Abstenha-se tua mulher de tudo o que eu lhe disse".

Uma leitura mais atenta revela que também o anjo, quando repete a Manué as instruções sobre a criação do menino, não menciona a proibição do corte de cabelo. Como é possível entender o significado da omissão pela segunda vez, agora por parte do anjo? Quando a mulher faz isso, como foi dito, é possível justificar com a confusão momentânea dela. Mas com a omissão do anjo acrescenta-se outra coloração, mais grave: a vulnerabilidade de Sansão estava, como se sabe, no cabelo, e o corte das mechas foi o que provocou, por fim, a sua morte. Será que a mulher e o anjo tentaram, por algum motivo, ocultar do pai o segredo da vulnerabilidade? É possível que ambos tenham sentido que esse assunto tão crítico na vida do "menino que há de nascer" não podia ser confiado a Manué, e que não deviam fazer dele um parceiro no segredo?

Mesmo depois do detalhamento das instruções, permanece a tensão entre o marido e o anjo. A situação de Manué é insuportável: muita informação é derramada sobre ele de uma vez, e de várias direções; ele tem sensações severas e conflitantes; e mais que tudo, a suspeita que o machuca: se sua mulher e o atrevido estranho teriam criado em torno dele uma elaborada trama. Um homem mais rápido e esperto do que ele também sentiria o pensamento confuso nesse momento. Na sua angústia, Manué tenta se aproximar do anjo: "Rogo-te que condescendas com minhas súplicas, e que te preparemos um cabrito", sugere. O anjo, com uma determinação hostil sem motivo aparente, recusa: "Ainda que me detenhas, não comerei do teu pão", diz, e acrescenta que é preferível que Manué ofereça o cabrito em sacrifício a Deus, e não a ele. Será que ele suspeita que Manué está interessado apenas em detê-lo para refletir mais um pouco a respeito do seu caráter? "E Manué não sabia que era um anjo do Senhor", é o que está escrito, e esse desconhecimento, mesmo depois de alguns momentos de encontro, acrescenta um traço de estupidez ao seu caráter.

Envergonhado, Manué pergunta o nome do anjo, e adiciona à pergunta uma explicação atenuante: "[...] para que, cumprida que seja a tua palavra, nós te honremos", o que significa: para que possamos retribuir adequadamente quando tua profecia se concretizar. Mas o anjo rechaça: "Por que perguntas tu o meu nome, que é admirável". "Admirável", ele provoca Manué: mais poderoso do que tu. Maior que os teus atributos. É possível supor que essa palavra, pronunciada com a intenção clara de silenciar Manué, tenha ficado bem gravada na sua memória. Um ultraje como esse é impossível que não ecoe depois, ao estar diante do filho que lhe nascerá, e ao deparar — como com uma muralha — com os seus feitos incompreensíveis, estranhos e prodigiosos.

Manué, certamente com hesitação e perplexidade diante da resposta constrangedora do anjo, coloca o cabrito e a oferenda sobre o altar de pedra. O anjo "admirável" tira fogo da rocha e em seguida sobe ao céu enquanto Manué e sua mulher olham e se prostram. E só nesse momento, finalmente, Manué acredita que de fato se trata de um anjo de Deus. "Certamente morreremos, porque vimos a Deus", ele diz à mulher, e na sua voz ecoa o medo, talvez não só de Deus e do anjo, mas também de tudo o que aquele surpreendente encontro trará no futuro para suas vidas, e talvez também o temor por causa da criança que lhes nascerá; sua criança, pela qual tanto esperaram, e que já nesse momento está envolvida nos líquidos do útero e numa membrana impermeável de mistério e ameaça.

"Certamente morreremos", balbuciou Manué, e a mulher responde com justa lógica, e também com refinado desdém, que ela extraiu da elevação angelical que ainda paira entre eles: "Se o Senhor nos quisesse matar, não teria recebido de nossas mãos o holocausto e as libações, nem nos teria mostrado todas estas coisas, nem nos teria dito o que está para acontecer".

E assim essa mulher, que até alguns instantes atrás tinha sua realidade limitada pelo título "estéril", cresce e se realiza aos olhos do leitor, versículo após versículo. Talvez seja a nova gravidez que lhe proporciona força, ou talvez a noção de que carrega dentro de si a criança especial lhe forneça uma nova segurança, apesar de todas as dúvidas e temores. É difícil supor também que uma mulher perspicaz como ela não tenha percebido que o anjo preferiu — duas vezes — aparecer apenas para ela.

Pode ser ainda que todas essas suposições não sejam corretas e confundam causa e efeito; e que assim ela tenha sido, desde o início, uma mulher forte e esperta, rápida, sagaz e corajosa, e justamente por isso o anjo tenha preferido dar a notícia a ela, e não ao marido. É interessante destacar em relação a isso que Rembrandt, quando pintou a situação em que o casal se encontra com o anjo, "abateu" Manué numa postura submissa e até ridícula (à primeira vista Manué parece um saco de batatas), enquanto a mulher — em contraste com o relato da Bíblia — está sentada ao lado do marido caído, com as costas eretas, e um fio de emanação, determinação e segurança recai sobre ela. Nota-se que Rembrandt, como muitos que leram a história, sente que a mulher é a mais forte e dominante dos dois; e se é assim, podemos também supor até que ponto serão decisivas no futuro a sua influência e a influência das palavras que disse sobre Sansão — "desde o ventre até o dia da sua morte".

Saraa é hoje um kibutz que se localiza não muito longe da colina onde ficava, é quase certo, a Saraa bíblica. Os pioneiros do kibutz, membros do movimento sionista Miuchedet e oriundos do Palmach,* ocuparam-no por volta de 1948, devido à Guerra de Indepen-

---

* Palmach: iniciais de *Plugot Machatz*, grupos armados de defesa em Israel nos anos 40, durante o mandato britânico. (N. T.)

dência, que eclodiu quando os exércitos de quatro países árabes invadiram Israel logo após o seu estabelecimento como Estado. Também nessa guerra, como nas guerras do tempo dos juízes, a planície de Judá era uma região estrategicamente importante que focalizava forças bélicas. Quando o Exército de Israel se aproximou da aldeia árabe Saraa, a maioria dos habitantes fugiu, e os poucos que permaneceram foram expulsos. Tanto uns como outros passaram a ser os refugiados cuja maioria habita hoje o campo de refugiados Dehaisha, perto de Hebron.

Meados de outubro de 2002. Um dia quente e turvo paira sobre as colinas da planície. As notícias no rádio anunciam o tráfego pesado no cruzamento de Sansão entre Saraa e Estaol. Um caminho de terra se ramifica a partir da estrada principal, desvia-se para o interior do bosque e se dirige aos pomares da destruída Saraa árabe. Lá, num pequeno esconderijo na plantação, aparecem, de repente, uma mãe e seu filho, palestinos que chegaram de Dehaisha para colher azeitonas nas oliveiras que já pertenceram, um dia, à sua família. A mulher sacode com vigor os galhos da árvore, batendo neles com um bastão, e o filho, um menino de dez anos, recolhe, apressado e silencioso, as azeitonas caídas — uma chuva negra de granizo — num pano estendido ao pé da árvore.

Aqui, há aproximadamente três mil anos, na paisagem quente que se move nas colinas rochosas, entre oliveiras e carvalhos, árvores de terebinto e alfarroba, a mãe de Sansão se agachou para dar à luz. Aqui deu ao menino o nome que em hebraico soa como "pequeno sol", e também como a aglutinação de "sol" e "força".*

Há, como se sabe, grande semelhança entre Sansão e outros "heróis do sol", como Hércules, Perseu, Prometeu e Mofsos, filho de Apolo.[5] No Talmude, Rabi Iochanan tentou "purificar" Sansão de qualquer sinal de paganismo: "Sansão é chamado de O Santo, Bendito Seja, como foi dito, 'Porque sol e escudo é o Senhor Deus' (Salmos 84, 12) [...] Assim como O Santo, Bendito Seja, protege o mundo inteiro, também Sansão protege Israel".[6] E ainda Flávio Josefo, em *Antiguidades judaicas*, estabelece que o nome Sansão significa "poderoso", e acrescenta: "[...] e o menino crescia depressa, e era claro, a partir de sua lúcida trajetória de vida, e do crescimento de seus cabelos, que estava destinado a ser profeta".[7]

"E o menino cresceu, e o Senhor o abençoou", conta a Bíblia, cuja interpretação na Guemará é "abençoou-o no seu antebraço", o que significa que Deus abençoou Sansão no órgão sexual: "[...] seu antebraço é como o dos homens e seu braço como um rio caudaloso";[8] e mesmo que os rabinos arrisquem aqui algum comentário exagerado, as futuras proezas de Sansão virão para

---

* "Sol" em hebraico é *shemesh*, e "força", *on*. Sansão em hebraico é Shimshon, que tem o mesmo radical de "sol" e aglutina os dois termos. (N. T.)

enriquecer a direção geral dessas suposições. Mas não menos importante do que essa bênção divina é o que vem depois: "Começou o espírito do Senhor a pulsar nele no campo de Dan entre Saraa e Estaol".

Qual era exatamente esse "espírito do Senhor" que começou a pulsar no jovem? Será que foi a sensação do seu destino e da sua missão, ou algum sentimento interno de inspiração? A palavra "pulsar", em hebraico, remete claramente às batidas do coração, que se aceleram nas horas de agitação. E de fato esse som, freqüente e inquieto, emana do corpo, da alma e da existência de Sansão em todos os episódios de sua vida. O Talmude de Jerusalém procura tornar concretas as expressões físicas dessa pulsação, e relata que quando o espírito de Deus inspirava Sansão, cada passo seu era tão grande quanto a distância entre Saraa e Estaol, e seus cabelos batiam como um sino cujo som se propagava como a distância entre Saraa e Estaol.[9]* O Zohar sugere outro comentário para a materialidade da descrição: "Pulsar nele. Que o espírito vem e volta, vem e volta, e ainda não o tomou como deveria, e, por isso, está escrito: 'Começou o espírito de Deus a pulsar nele', porque então ainda era no início".[10] Ralbag (Gershônides), em contrapartida, interpreta a pulsação de Sansão de outro ponto de vista, talvez mais lúcido: "Que uma vez pensava em guerrear contra os filisteus e outra vez pensa-

---

* Em hebraico, "pulsar" e "sino" têm o mesmo radical. (N. T.)

va em evitar a guerra, como um sino que bate de um lado a outro".

Mas uma leitura simples do texto revela que o pulsar em Sansão não se produz por qualquer destino ou inspiração, mas em outra direção, completamente inesperada: o que faz esse jovem no momento em que o espírito de Deus pulsa nele? Será que se prepara para reunir um exército e começar a salvação de seu povo das mãos dos filisteus, o mais depressa possível, ou tenta obter a bênção e o apoio do sumo sacerdote? Nem isto, nem aquilo: Sansão desperta para o *amor*.

"Ora, Sansão desceu a Tamnata, e, tendo ali visto uma mulher das filhas dos filisteus [...]"[11]

Imediatamente ele sobe ao monte, volta à sua casa em Saraa, dirige-se ao pai e à mãe e comunica: "Vi em Tamnata uma mulher das filhas dos filisteus; rogo-vos que a tomeis por esposa". E apesar de a palavra "amor" não ser mencionada expressamente aqui, é possível sentir nas palavras de Sansão o presságio e a força dos sentimentos que o perturbam. É difícil saber se naquele momento ele está mesmo disposto a discernir o emaranhado de diferentes sentimentos — o amor que desperta nele, e o novo e imenso "espírito do Senhor", mas qual é o milagre? Amor, principalmente o primeiro amor, feito sem dúvida para despertar na pessoa a sensação de ter sido criada agora, e um novo espírito, forte e desconhecido, que paira sobre ele.

Aqui cabe esclarecer — para quem se espanta com a relação criada assim tão rapidamente entre um nazireu e uma mulher —, pois o nazirato, na versão judaica, é diferente do nazirato cristão, por exemplo, ou do nazirato budista.[12] O nazireu judeu deve se abster de três coisas (Números 6): beber vinho ou comer alimentos procedentes da videira; cortar o cabelo; e contaminar-se com cadáver (proibição que não recaiu sobre Sansão). Em contrapartida, não existe a proibição de casar-se ou de manter relações sexuais ou de aproximar-se de mulheres. Mas é preferível que o leitor não crie expectativas baseadas em histórias excitantes do tipo *Decameron* ou *Contos da Cantuária*, inundadas de depravação: o escritor do texto bíblico — que, assim como a maioria dos autores, evita alegrias dessa natureza — se apressa em enfatizar, no que se refere à atração de Sansão pela mulher filistéia, "que isto se fazia por disposição do Senhor, e que ele buscava uma ocasião contra os filisteus, porque naquele tempo os filisteus dominavam sobre Israel".

Em outras palavras, nem amor, nem desejo, nem romantismo, e, principalmente, nem vontade própria: Sansão é atraído pela mulher filistéia porque Deus procura um pretexto para golpear os filisteus, que subjugam os filhos de Israel. Esse é o único motivo que a Bíblia apresenta para a atração que Sansão sente. Mas essa apresentação das coisas não pode apagar do coração do leitor o espanto em relação ao lugar e à experiência de Sansão, *o homem* no relato: ele próprio não pode vivenciar o seu amor sob "pretexto" de um outro — mesmo que seja de Deus —, e sua reação imediata e decisiva à mulher de Tamnata prova que ele, o homem, Sansão de carne e osso, busca um amor! Será que ele consegue entender que o amor que o incendeia não é completamente "seu", e que é só um instrumento político e militar nas mãos de Deus? Será que alguém conseguiria entender isso? Alguém suportaria saber que, assim como não foi um "filho natural" para seus pais, também agora, como homem, a atração natural que sente pela mulher não lhe pertence, ou foi plantada nele?

Ao mesmo tempo que se levantam essas questões, começa a se esboçar a triste possibilidade de o herói da história ser um homem que não sabe, e talvez jamais venha a entender, que, ainda antes de seu nascimento, Deus *nacionalizou* seus desejos, seu amor, toda a sua vida emocional.

"Rogo-vos que a tomeis por esposa", pede e exige Sansão de seus pais. É interessante notar que, ao contrário da forma comum e freqüente na Bíblia em situações parecidas, nas quais o filho se dirige só ao pai e pede que lhe tome para esposa alguma moça, Sansão se dirige ao pai e também à mãe. E daqui por diante, quase todas as vezes eles são mencionados juntos, o pai e a mãe, e a cada vez o narrador bíblico esclarece que a mãe de Sansão é ao menos tão importante quanto o pai.

E também juntos eles respondem, a uma só voz ("Seu pai e sua mãe disseram-lhe"), o que pais costumam dizer aos Sansões em situações semelhantes: "Porventura não há mulheres entre as filhas de teus irmãos, e entre todo o nosso povo, para que tu queiras casar com uma dentre os filisteus, que são incircuncidados?". Quer dizer: por que não te casas com uma das nossas?

E não é apenas por Sansão ter escolhido casar-se com uma mulher estrangeira, filha de outro povo, mas porque esse povo, os filisteus, está entre os mais difíceis e amargos inimigos de Israel: com a vantagem de possuírem armamento de ferro, saem com freqüência em ações de conquista e escravização contra as tribos israelitas, impedindo inclusive que desenvolvam a indústria do ferro, "para que os hebreus não forjassem espadas e lanças".[13] De fato, naqueles quarenta anos, conforme foi dito no início do relato, eles vinham dominando e oprimindo os filhos de Israel. E é sabido também que a tribo de Dan, tribo de Sansão, vive nos territórios fronteiriços, nos quais é muito difícil conseguir a posse da terra, e está sempre envolvida no combate com os filisteus e outros povos mais fortes. Esses combates sucessivos enfraqueceram a tribo, afastando-a do centro da influência cultural, política e social de Israel.[14] (E nesse espírito também se pode interpretar a bênção de Jacó, antes de sua morte, ao filho Dan, expressão de uma esperança e de um desejo, como algo muito pouco realista: "Dan governará o seu povo como uma das tribos de Israel"; depois do que Jacó acrescenta, talvez com um pesado suspiro: "A tua salvação esperarei, ó Senhor [...]".)[15]

Esse é o amplo contexto político no qual germina a relação entre Sansão e a mulher filistéia. No entanto, não menos atraente do que isso é o que se passa aqui entre os pais e o jovem filho: em primeiro lugar, eles estão confusos, porque sabem (ou pelo menos a mãe sabe) que Sansão está destinado a salvar seu povo das mãos dos filisteus; então, o que tem a ver ele com uma mulher filistéia? Em segundo lugar, quando eles dizem "Porventura não há mulheres entre as filhas de teus irmãos, e entre todo o nosso povo, para que tu queiras casar com uma dentre os filisteus, que são incircuncidados?", ressoa nessas palavras o argumento, e talvez também a culpa que pressiona Sansão, "Por que você não pode ser como todos os outros?", um argumento que pode fazer rir, pois é do tipo "lei dos pais", que muitos já ouviram dos próprios pais (e também juraram não repetir com os filhos), mas a história de Sansão não é uma comédia. É um relato trágico, não só por causa da estranheza *dessa* criança, de sua diferença em relação a seus pais, tão notável e aguda que às vezes parecem pertencer a duas dimensões completamente diferentes da existência humana, dimensões com um abismo intransponível entre si. Por isso a lei dos pais soa aqui como uma angústia incurável, que dilacera o coração.

Pode-se supor que nessa época os pais de Sansão já estejam pressentindo que a cada passo que o filho der no mundo a diferença e a estranheza tenderão a sobressair ainda mais, e será descoberto por todos que ele, de certo modo, é feito de outra substância, daquela essência estranha, prodigiosa, que o tocou e nele se dissolveu quando ainda estava no ventre, e por causa disso Sansão talvez nunca consiga se relacionar com naturalidade e harmonia com a substância da família e do povo.

E ainda que saibam muito bem — por terem sido eles mesmos a receber a notícia — que Sansão, por sua natureza, não pode ser "como todos os outros", como qualquer um, essa lamentável pergunta lhes é arrancada do coração, porque é difícil para eles, como pais, concordar sempre e sem nenhuma hesitação com o grande projeto divino que tomou deles o filho e o moldou dessa forma. Dói a ambos que o cordão umbilical tenha se rompido assim, dilacerado para sempre.

Podemos supor que nesse momento — em que seus pais tentam contestar a escolha do filho — Sansão olha direto nos olhos do pai. Quer transmitir-lhe, com o olhar, o quanto a mulher que escolheu lhe "agradou aos olhos". Diante do filho, está Manué, hesitante, temeroso. Manué, sempre desconfiado em relação a esse filho que lhe brotou de repente no ninho, como o filhote de um pássaro estranho, inesperado e perigoso. Manué — um homem tão diferente de seu enérgico, obstinado, determinado, valente e agitado filho, Sansão. De acordo com o que está escrito, Sansão não responde à pergunta do pai e da mãe. Não sabemos se isso se deve ao fato de ele ser tão determinado, ou se a dolorosa pergunta dos pais — "Porventura não há mulheres entre as filhas de teus irmãos, e entre todo o nosso povo, para que tu queiras casar com uma dentre os filisteus, que são incircuncidados?" — desperta nele de imediato uma sensação incômoda, uma centelha de possibilidade obscura que às vezes desponta em seu interior e não se decifra por completo: que talvez sua atração pela moça filistéia não seja tão óbvia nem inteiramente "natural".

Mais uma vez ele diz a Manué: "Toma esta para mim, porque agradou aos meus olhos". Dessa vez Sansão se dirige somente ao pai. Pode ser que ele o faça por sentir que Manué é mais fraco e fácil de persuadir. Mas também é possível que se sinta forçado a desviar o olhar da mãe, que estava ao seu lado, porque, ao contar sobre a mulher que lhe "agradou aos olhos", não consegue encarar aquela que foi sua principal parceira — ainda que não por vontade própria — no decreto do destino a partir do qual tudo começou a se complicar para ele.

Pai e filho trocam olhares desafiadores. Este é um momento decisivo na história de Sansão. Ainda o aguardam conflitos difíceis, mas esta é a primeira vez que ele contesta abertamente a autoridade do pai (e da mãe). Não há dúvida de que diante dessa situação fica claro para todos que Sansão é diferente dos outros. Para isso contribuíram as histórias que foram contadas na família, que se propagaram, com certeza, na tribo e em toda a região, sobre as circunstâncias incomuns de sua concepção e da elevada função à qual estava destinado. Também seu cabelo longo, nunca cortado, sinalizava a todos que ele era especial. Agora é o momento em que Sansão se declara não só diferente, mas alguém que está muito próximo do estrangeiro, do inimigo.

E eles foram. Sansão, o pai e a mãe saíram de Saraa em direção à mulher de Tamnata, por trilhas cheias de espinheiros secos e campos de restolho poeirento do final do verão.

Os passos de Sansão são largos, as pernas compridas, e a força que o impulsiona a Tamnata é imensa. Simples mortais terão dificuldade de segui-lo. Os pais, com certeza, são obrigados a parar de vez em quando para tomar ar; aqui, por exemplo, no alto de uma colina. No topo sudoeste da serra de Saraa, sobre o vale do rio Sorec. Param, respiram. Enxugam o suor. Naqueles dias havia na região uma densa floresta — "como os sicômoros que nascem nas campinas"[16] era, antigamente, uma metáfora para fartura —, e hoje as árvores são escassas, os montes nus. Os sicômoros foram substituídos pelas florestas de pinheiros do Fundo para Florestamento de Israel (Keren Kaiemet), e elas estão quase acinzentadas sob o ofuscante siroco. Abaixo, na planície, estão a cidade de Beit-Shemesh, com suas estradas, seus telhados, e as indústrias das redondezas, e os espelhos lisos e brilhantes das bacias de drenagem, e alguma mancha vermelho-alaranjada que cintila de repente ao longe — talvez o siroco tenha incendiado uma árvore ou então alguém esteja só queimando lixo —; e as costas de Sansão desaparecem atrás da serra, em direção ao vale que desce para Tamnata.

E eis que, à entrada dos vinhedos de Tamnata, aparece diante dele um leão novo, rugindo, um dos leões que viviam naquela época na terra de Israel e que foram exterminados com o passar dos anos. O espírito do Senhor passou então sobre Sansão: em um instante ele dilacerou o leão "como se fora um cabrito". Com as próprias mãos o fez, "e não quis contar isto a seu pai nem a sua mãe".

Sobre isso, nossos exegetas dizem duas coisas. Primeiro, como pode ser que os pais não tenham testemunhado a luta? Essa pergunta pode ser respondida com explicações simples: Sansão andou mais rápido que os pais; ele conhecia atalhos, enquanto eles iam pelo caminho principal; ou talvez ele tenha contornado os vinhedos de Tamnata para não transgredir a proibição do nazirato em relação a "nada do que nasce da vinha", enquanto eles prosseguiram pelo caminho dos vinhedos.[17]

A segunda pergunta incomoda mais: ele vai com os pais pelo caminho, dilacera um leão novo com as próprias mãos, e silencia. Por que silencia? Por modéstia? Ou talvez o fato não lhe pareça importante? É difícil acreditar, até porque a narrativa por si só é tão incomum, e também porque imediatamente se revelará como Sansão retoma a lembrança do fato e até se orgulha dele.

Ou talvez ele esteja silenciando porque sente que o ocorrido com o leão não "pertence" às suas relações com os pais ou com as pessoas em geral? Em outras palavras, pode ser que Sansão sinta que a luta com o leão é um sinal, um código interno e secreto na sua fala com o "espírito do Senhor" que o acomete; um tipo de leitura intermediária que permite a relação especial entre ele e Deus, que o orienta a prosseguir em seu caminho e a confiar nas sensações que o dirigem, ainda que sejam contrárias à vontade de seus pais.

E por ser o ocorrido com o leão um fato tão poderoso, além da capacidade humana, será possível que Sansão tenha sido simplesmente *cauteloso* ao não envolver os pais, para não lhes dar mais uma prova do quanto é diferente e estranho para eles? Pois ninguém mais do que ele entende que cada prova adicional os afastará ainda mais, e que cada um desses atos progressivos de distanciamento — mesmo que representem sinais vitais de sua singularidade — é muito doloroso, e decreta sempre mais um passo na direção do exílio.

Pode ser também que a revelação que a luta lhe trouxe sobre *si mesmo* o tenha assustado: aquela força sobre-humana que o invadiu e mostrou pela primeira vez o que se ocultava nele, talvez também ela o tenha abalado, criando um tipo de separação sutil entre Sansão e seu novo eu, "mais amplo que a vida", que não pertence inteiramente ao gênero humano.

E quem sabe todo aquele que tenha sido olhado pelos pais com estranheza quando ainda estava no ventre, quem desde então já tenha perdido a primeira aprovação dos pais, esteja fadado a guardar sempre alguma suspeita em relação a si mesmo, no que se refere a uma dimensão estranha e inescrutável de seu ser, uma dimensão que é — exatamente como o anjo que anunciou o nascimento de Sansão — "admirável", misteriosa e incompreensível, portanto uma fonte contínua de espanto e incerteza. E podemos dar um passo além e supor que quem está destinado a suspeitar de si mesmo corre o risco de duvidar não só do fato de ser filho legítimo de seus pais: para sempre será acometido pela dúvida mais sutil também em relação a ser filho legítimo da família humana em geral, em relação a ser "como todos os homens", e será obrigado a carregar para sempre dentro de si o veneno dessa dúvida. Será sempre um estranho internamente, um passageiro oculto e hostil — talvez mesmo um quinta-coluna, um sabotador.

Ele chega a Tamnata e reencontra a mulher filistéia, e sem dúvida também a testa secretamente, para ver se lhe é adequada (em atenção à reação dos pais). E de novo o narrador ressalta que, mesmo depois desse encontro, "a mulher tinha agradado aos seus olhos". E o leitor, que sabe que esse novo amor não passa de um pretexto arranjado por Deus para golpear os filisteus, reflete sobre a disparidade entre os impulsos românticos de Sansão e o que Deus pretende fazer através deles.

Ao voltar Sansão, "alguns dias depois para casar com ela", retorna para ver "o cadáver do leão". Seu retorno não é despretensioso, pois "afastou-se do caminho para ver o cadáver do leão". Quer dizer: ele faz um desvio em seu caminho até a futura esposa, para olhar mais uma vez o leão morto.

Claro, não é difícil entender seu coração, sua necessidade de voltar para se deleitar com a lembrança daqueles momentos de bravura que ficaram marcados nele em segredo. Mas podemos também supor que Sansão tenha se desviado porque, após alguns dias (e "dias" aqui pode significar também um ano inteiro), ele mesmo começou a questionar se aquele fato grandioso ocorreu na realidade ou se foi apenas um sonho. E talvez tenha simplesmente sentido necessidade de voltar ao lugar onde alcançou sua prodigiosa vitória, para obter assim um tipo de confirmação para a sua força antes de se dirigir à mulher.

Então, ao ficar ao lado do leão morto, ele vê: "[…] e eis que na boca do leão estavam um enxame de abelhas e um favo de mel. E tomando-o nas mãos",[18] Sansão, o homem imenso (apesar de nenhum trecho da história mencionar abertamente que ele fosse um gigante!), se apresenta, assombrado, frente àquela visão. Diante dos seus olhos, abelhas zumbem na carcaça. Há mel acumulado dentro do leão morto. Sansão estende a mão — sem medo das abelhas — e pega o mel com as mãos; e nós, os leitores, nosso coração vai com ele, com o movimento da sua mão, com a ingenuidade, simplicidade e espontaneidade que ele contém: ele vê, ele quer, ele pega… e assim como matou o leão sem nada nas mãos, também pega agora o mel de dentro do animal, não com um utensílio, não com um jarro, mas com *as mãos*, e depois, "ia-o comendo pelo caminho; e, chegando aonde estavam seu pai e sua mãe, deu-lhes uma parte, que eles também comeram; mas não lhes quis dizer que tinha tirado aquele mel do corpo do leão".

Vamos observá-lo: o homem dos homens, no qual se oculta um menino lambão (como é surpreendente e emocionante a diferença entre forças físicas poderosas e uma alma infantil e imatura). Anda e come, anda e lambe, até que chega em casa, ao pai e à mãe, e lhes dá o mel, "que eles também comeram", ao que parece, direto das mãos do filho. Que cena maravilhosa e sensual!

Mas será demais supor que alguma coisa completamente nova vai se decifrando a Sansão nessa caminhada, enquanto ele lambe o mel? Alguma coisa que irá se formar em toda a trama da sua vida daqui por diante, que Sansão talvez sinta irromper dentro de si durante o trajeto até sua casa; como se fosse uma descoberta particular que está relacionada à visão da carcaça do leão e ao gosto do mel, e também à proximidade entre essas sensações e os sentimentos que desperta nele a mulher à qual se dirige...

Pois pode ser que ao se defrontar com aquela rara visão, o mel dentro do leão, Sansão tenha sido invadido por uma nova intuição, quase profética, algo que nasce dentro dele à medida que ele apreende o imenso significado simbólico de uma imagem forte como essa. Algo ligado a uma nova forma de percepção, um novo modo de enxergar a realidade — de fato uma nova visão de mundo.

Sansão fica olhando o leão e o mel empoçado dentro dele. Decerto essa visão o afeta profundamente: afinal, estará oculta na charada que fará em breve na sua festa de casamento. Sansão vê o quadro incomum que ele mesmo criou: foi ele quem matou o leão. Por causa da sua ação, as abelhas vieram e construíram ali a colméia e produziram o mel, e aquele doce mel enche agora a sua boca… e, ao se misturarem as sensações umas nas outras, será que desperta nele uma palpitação por alguma coisa ao mesmo tempo poderosa, estranhamente bela, única e impregnada de um sentimento de que há um significado oculto, profundo e simbólico?

Como denominar esse momento? "Revelação", já dissemos. Mas será que podemos acrescentar com cuidado que esse é também o momento em que Sansão, um homem aparentemente só músculos e matéria, descobre de repente a via através da qual o *artista* vê o mundo?

E se parece surpreendente — a esta altura da história — descrever Sansão como artista, eis que a partir desse momento, do encontro com o mel dentro do leão, começa a se revelar nele a tendência clara de moldar em seu caminho a realidade — toda realidade com que tiver contato —, imprimir nela sua marca especial e, quase é preciso acrescentar, seu *estilo*.

E mesmo que Sansão não seja artista no sentido convencional, clássico, pode ser que nesse momento, diante do cadáver do leão, esteja sentindo que algum indício se oculta aí. O indício de uma nova e desconhecida dimensão da realidade, ou ao menos uma nova forma de observação da realidade, que não consiste apenas na observação passiva, mas que contém forças de criação e renascimento (despertadas nele, talvez, também pelo zumbido de vida na carcaça); e de que através dessa observação possa ele atenuar um pouco a estranheza e a solidão com que nasceu, sem renunciar à própria singularidade.

Anda pelo caminho, o mel pingando das mãos, vai para casa, para o pai e a mãe, o menino gigante, que oculta segredos, dá-lhes de comer com as próprias mãos, "mas não lhes quis dizer que tinha tirado aquele mel do corpo do leão": isto é, nem agora ele conta como dilacerou o leão, e muito menos de onde tirou o mel. E é espantoso: eles não lhe perguntam nada. Talvez até tenham medo de perguntar. Medo de uma resposta que poderia revelar a profundidade do abismo que os separa.

Como eles se calam, também Sansão se cala. Talvez espere que alguma coisa se revele por si só, sem palavras ou qualquer insinuação de sua parte. Que adivinhem alguma coisa (assim como crianças sempre esperam que os pais adivinhem tudo): que construam uma hipótese, digamos, sobre de que lugar foi trazido o mel, ou que façam alguma observação divertida sobre o seu aroma incomum, ou, enquanto isso, com uma repentina e aguçada intuição, adivinhem também algo a respeito do próprio Sansão, do verdadeiro ser do filho, que tem permanecido oculto ou fora negado a eles.

E com tudo isso, apesar do profundo silêncio, ou talvez exatamente por causa dele, é possível também encontrar alguma coisa travessa, cheia de alegria e até engraçada naquele momento familiar que não tem igual em toda a Bíblia: é verdade, eles se calam, eles não perguntam, e Sansão não responde, e apesar disso dá vontade de imaginar Sansão com as mãos no alto, e os pais, certamente menores que ele, pulando com a boca aberta e a língua de fora, e Sansão gritando de prazer, alegrando-se com os pais, tocando neles, dançando e rindo juntos como qualquer pessoa, e o mel pingando, escorrendo na face, descendo ao queixo, uma lambança, e o riso aumenta até as lágrimas...

Com os pingos de mel ele diz alguma coisa que, pelo visto, não poderia dizer de nenhuma outra forma. Era, aliás, tão urgente dizer isso que até esqueceu para onde ia: pois estava a caminho de Tamnata! O que aconteceu para que, de repente, virasse e voltasse para casa, para o pai e a mãe? Esqueceu, subitamente, que está indo buscar sua mulher? (E aqui, com certeza, soam as palavras de Ralbag quando se referiu às "pulsações" de Sansão: "como um sino que bate de um lado a outro".)

E nesse movimento repentino, quase instintivo, é possível ver com clareza como e quanto ele oscila entre a vontade de se separar dos pais e construir a própria vida como um homem adulto e o desejo de permanecer com eles, conseguir cada vez mais sua aprovação. O cordão umbilical que o liga aos pais continuará, então, a se esticar e encolher durante toda a história. E talvez exatamente porque esse cordão nunca foi criado, como deve ser, entre Sansão e sua mãe, não pode ser desfeito nem cortado do jeito natural. E já aqui surge o espanto: não será essa ambivalência que impedirá Sansão, durante toda a vida, de se apaixonar, ao menos uma vez, por uma mulher que possa de fato cortar esse cordão umbilical e amarrá-lo a ela de modo natural, como homem e mulher?

Mas ainda há tempo para essa pergunta ser formulada. Enquanto isso, Sansão permanece com eles, com os pais, que comem o mel das suas mãos. E como foi dito, exatamente o mel tirado do leão, o mel leonino, passa a ser, para Sansão, um tipo de concretização daquilo que ele jamais soube expressar, daquilo que ele sempre silenciou para os pais: que eles precisam entender que ele — apesar do destino que lhe foi imposto desde o ventre, que o separou deles e estabeleceu a sua vida a serviço de um objetivo divino oculto, e apesar de seus músculos imensos e de sua força incomparável — Sansão ainda necessita, e muito, da compreensão dos pais, do seu amor, da sua aprovação constante. "Vejam só", é como se dissesse enquanto os alimenta com os dedos, "vejam o que há dentro de mim, por trás de todos esses músculos, músculos de leão, e dessa juba que não posso cortar, e também por trás desse destino forçado, o decreto real que me impuseram. Olhem dentro de mim. Uma só vez, olhem o meu interior, e então compreenderão finalmente que 'do forte saiu doçura'".

E seus pais continuam a lamber o mel de suas mãos, mas, passados os momentos de diversão e alegria, já começa a corroê-los o antigo espanto em relação ao filho, até ficar difícil encará-lo, porque ele, pelo visto, nunca lhes pareceu correto. E logicamente os pais percebem a vontade e a necessidade que Sansão tem de ficar perto deles — simplesmente a proximidade doméstica e familiar —, e também querem a sua presença e sentem o amor que Sansão tem por eles, e desejam, como todos os pais, amar o filho de todo o coração; mas sempre ocorre uma separação. Alguma coisa impede. Alguma coisa que, sem dúvida, o torna digno de orgulho, porém não plenamente compreendido. Importante, mas não verdadeiramente amado.

E ainda: os pais sabem muito bem que Sansão não aceitará a autoridade deles. Nem no que se refere à mulher filistéia que ele teima em obter, nem, ao que parece, em nenhum outro assunto, porque está dominado pela autoridade de uma força muito maior que a deles. E também sabem, com aflição, talvez até com alguma vergonha, que Sansão está fadado a trilhar sozinho seu próprio caminho na vida, em nada semelhante a nenhum outro, e que eles nada podem lhe ensinar. Nem uma única experiência na vida os preparou para serem pais de um homem como esse. Até mesmo aquele mel — que só Deus sabe de onde foi trazido — eles provam com o coração partido, sentem que algum segredo transborda aqui, e não podem decifrá-lo nem decifrar o que o filho tenta lhes dizer.

E justamente por causa da pouca compreensão que têm dele, cresce a impressão de que Sansão quer tranqüilizar os pais a seu respeito, por causa do segredo sufocante que esconde. Ele os envolve com doçura como se tentasse aderi-los a si com a viscosidade do mel, e implora que acreditem, que confiem nele, que estejam completamente seguros de que ele lhes pertence, de que são de fato seu pai e sua mãe, apesar das circunstâncias incomuns que acompanharam a sua concepção, e que ele, no seu estranho caminho, lhes é fiel.

Porque há uma traição no ar. Não é dita nem explícita, e não é exatamente uma traição "comum", do tipo que se costuma imputar ao nascimento de Sansão — a traição da mãe com um misterioso estranho —, mas pode ser que seja ainda mais profunda e destruidora. Pois se há uma criança envolvida desde o ventre por um sentimento de estranheza — e talvez também por alguma hesitação ou rejeição instintiva, encoberta por uma única contração do útero em volta do feto — e se há sempre mistério e medo e até receio em relação a essa criança e ao que poderá irromper dela, se tudo isso paira no espaço familiar, há um sentimento permanente de traição. Mais exatamente, há um sentimento de ter sido traído. Invisível, profundo, *recíproco*. Ninguém o desejou, é claro, mas assim foi decretado, sobre os três. E com esse sentimento Sansão viverá toda a sua vida; todos os seus atos tentarão entendê-lo, ou enlutar-se por ele, recalcá-lo cada vez mais.

Três pessoas no mundo. Um casal de pais cujo filho

foi "nacionalizado" ainda antes de nascer. Um filho que nasceu órfão. Como é difícil a dupla e contraditória missão de Sansão: ser ele mesmo, com suas inclinações e estranhezas, e ao mesmo tempo ser fiel também aos pais, tão diferentes dele. Vamos deixá-los um pouco de lado: nem todo o mel do mundo pode adoçar o momento.

Novamente desce Sansão a Tamnata, para festejar o casamento. Desta vez ele vai com o pai apenas, e ficamos admirados: será que esse era o costume na época, ou a mãe decidiu, por algum motivo, não participar da cerimônia de casamento do filho? E se decidiu assim, como é possível interpretar esse seu gesto grosseiro? Será que se trata de um protesto por Sansão tê-la magoado, casando-se com uma filistéia? Ou talvez ela tenha se recusado a consentir no casamento por sentir, com a sua intuição aguda, feminina e materna, que aquela relação não vai evoluir bem, não por causa da noiva, mas porque o filho, Sansão, considerando o que o coração sabe mas não revela, por sua própria natureza, não vai se sair bem no casamento.

"E preparou um banquete para seu filho Sansão, porque assim costumavam fazer os jovens (*noivos*)."

Ora, pensa o leitor consigo mesmo, Sansão tenta finalmente fazer alguma coisa "como todos os outros". Mas fica claro que até esse desejo simples vai gorar em pouco tempo: quando os filisteus o vêem, escolhem trinta "companheiros" para servirem de barreira para Sansão durante o banquete. Por que fazem isso, não há como saber, mas podemos supor que sua imagem, sua visível força e talvez também um ar de inquietação e selvageria que emana dele constantemente incitem-os a cercá-lo, para evitar qualquer problema. O narrador não explica quem são esses companheiros, mas é quase óbvio que uma pessoa como Sansão não tem *amigos*, nem na cerimônia de casamento, somente "companheiros" (e o som dessa palavra já não anuncia nada de bom).*

Logo no início do banquete, Sansão apresenta diante de seus convidados um desafio: "Propor-vos-ei um enigma", ele diz; "e, se vós souberdes decifrá-lo dentro dos sete dias das bodas, dar-vos-ei trinta vestidos e outras tantas túnicas; mas, se o não souberdes decifrar, dar-me-eis a mim trinta vestidos e outras tantas túnicas".

E quando eles concordam com as condições, ele propõe a charada: "Do que come saiu comida, e do forte saiu doçura".

A bem da verdade, quase toda vez que abre a boca, Sansão surpreende com palavras poéticas. Apesar de tudo, como os relatos sobre ele testemunharão, Sansão é um homem que inspira ao mesmo tempo medo e rejeição: um brigão, dono de uma capacidade ilimitada de destruir e matar, que deixa atrás de si um rastro de sangue em cada lugar a que vai; na verdade trata-se de um

---

* Em hebraico, "companheiro" e "maldade" têm o mesmo radical. (N. T.)

tipo de "golem" que foi plantado no mundo e operado como arma assassina pela vontade de Deus.[19]

E de repente uma charada. Sábia. Sutil. Poética.

Podia, por exemplo, divertir os convidados com uma demonstração de força de seus músculos poderosos. Armar alguma travessura corporal ousada, nada perigoso como desmoronar as colunas centrais da casa, mas algo que deixasse os companheiros de boca aberta.

No entanto ele lhes propõe uma charada. Não uma charada qualquer, mas uma que ele sabe que não há nenhuma chance de conseguirem decifrar: pois essa não é uma charada cuja solução se baseia num conhecimento prévio, e também não é uma "charada lógica", possível de ser resolvida com um raciocínio profundo. O que significa que, até onde lhes interessa, não tem solução.

Três, cinco, sete dias eles se embaraçam diante da cilada que Sansão armou em segredo. O banquete continua, mas o clima fica turvo. Há um mistério no ar que aos poucos vai ficando maior do que a própria charada, até que a atenção do leitor se desvia obrigatoriamente da charada para quem a formulou e para seus motivos.

Durante sete dias inteiros Sansão gira em torno de seus hóspedes, brinca com o desconhecimento deles, a curiosidade e a raiva crescente. Às vezes ele presta atenção nas suas infelizes tentativas de solucionar, e balança a cabeça em sinal de negação, cada vez mais, com modos, com um leve deboche, sem ocultar o prazer que sente. Devido às proibições do nazirato, ele não bebe do vinho servido aos hóspedes. Estes, certamente, não se privam da bebida, tentam afogar nela a frustração e a raiva, e o distanciamento de Sansão da bebedeira coletiva só intensifica o ódio que sentem dele. Em resumo, podemos supor que passados um ou dois dias a atenção dos filisteus tenha se desviado da charada, e que, com certeza, desde o início não pretendiam se aprofundar na alma do excêntrico desconhecido. A situação toda os deixa enfurecidos — e ainda mais as trinta túnicas e vestidos que serão forçados a pagar.

"Do que come saiu comida, e do forte saiu doçura."

Parece que não existem muitas coisas que podem enlouquecer tanto uma pessoa como o abuso contínuo de uma charada cuja solução não é possível. (E a passagem da charada de Sansão talvez seja o único trecho da Bíblia em que um grande patriota hebreu pode sentir tanta identificação justamente com os filisteus.) Quanto a Sansão, pode-se de fato perceber como ele sente um secreto e profundo prazer pelo acontecimento. Por não saberem decifrar a charada. Pela proximidade íntima, quase erótica, que se cria não só uma vez — no pensamento de quem formulou a charada — entre os que procuram decifrá-la e a solução fugidia.

E talvez...

Talvez ele tenha formulado justo essa charada "impossível" porque alguém que vive com um grande enigma dentro de si, com um mistério que provavelmente não está solucionado nem para si mesmo, sente um imenso impulso de reconstruir a sensação enigmática em toda situação possível. Pois depois de três, cinco, sete dias como aqueles, quem formula a charada passa a ser, ele mesmo, um tipo de enigma. Um grande jarro que contém um segredo borbulhando a ponto de explodir…

E talvez seja isso o que motiva Sansão, não só nesse caso. Ele vagueia pelo mundo como uma gigantesca escritura-enigma, assolado por seu segredo, sua charada. De forma quase perigosa, delicia-se ao aproximar-se da possibilidade de ser decifrado pelos outros. Embora, pensando bem, o termo "delicia-se" não seja exato: é possível que ele seja forçado a isso, deve confrontar-se cada vez mais com essa sensação, com o conhecimento — que vem acompanhado de um gosto amargo — de que é impossível entender a si mesmo, salvar-se da estranheza, do mistério dentro de si.

No sétimo dia os companheiros estão fartos. Dizem diretamente à mulher de Sansão: "Acaricia o teu marido, e faze que ele te descubra o que significa o enigma; e se o não quiseres fazer, queimar-te-emos a ti e à casa de teu pai".

"E ela punha-se a chorar junto de Sansão", está escrito.

Quer dizer, além da raiva crescente dos companheiros, também acompanhou Sansão, durante toda a semana, o choro incessante da mulher! Durante sete dias ela chora e o atormenta para que revele a solução, e ele mantém silêncio. Essa mulher, que o agradou a ponto de ele se desviar das súplicas dos pais para que não se casasse com ela, de repente ele a está magoando dessa forma, maltratando mesmo.

Mas por quê? Será que assim pretende dizer a ela, a primeira mulher da sua vida, que nem mesmo ela o conhecerá por inteiro? Ou talvez esses sete dias sejam um tipo de rito de iniciação que ele prepara para si, uma cerimônia particular de demarcação de fronteiras, o limite da sua disposição de permitir a outra pessoa, mesmo querida, entrar no *sanctum sanctorum* da sua alma, o lugar onde se encontra o seu segredo.

"Tu odeias-me, e não me amas", ela chora amargurada, "por isso não queres declarar-me o enigma, que propuseste aos filhos do meu povo [...]"

Por um momento, lendo as palavras dela, parece que na queixa da jovem noiva se reflete um indício de alguma coisa mais ampla e complicada do que o conflito familiar, de uma charada maior e muito mais complexa, o enigma do povo de Israel aos olhos dos outros povos, desde os seus primórdios até hoje: o espanto e a suspeita que acompanharam — e ainda acompanham, não raro, também hoje — o homem judeu no contato com os povos, e as sensações de mistério, estranheza e distanciamento que o envolvem, aos olhos deles. Mas deixemos de lado essas profundas reflexões e voltemos aos jovens, o homem e a mulher, ao seu primeiro conflito, que perdurou toda uma semana, cheio de pranto, contrariedade e negação, até que por fim o marido perde a paciência e lança à sua noiva: "Eu não o quis descobrir a meu pai e a minha mãe, e poderei declará-lo a ti?".

E talvez o narrador tenha usado de benevolência para com Sansão, pois não citou a resposta da mulher.

"Por isso deixará o homem seu pai e sua mãe, e se unirá a sua mulher; e serão dois numa só carne", está escrito no Gênesis,[20] e realmente o significado do casamento, entre outras coisas, consiste na separação do homem de seu pai e sua mãe, e na escolha de uma mulher como parceira íntima. Mas no sentido das palavras de Sansão, supõe-se que para ele as coisas não sejam tão definidas, e há um enfraquecimento e certa mistura na aplicação prática da separação dos pais para a união "numa só carne". "Se não revelei aos meus pais este segredo", ele diz, em outras palavras, para a mulher com quem se casou ainda agora, "muito menos revelarei a você!" Quer dizer, no auge da sua festa de casamento, Sansão revela um tipo de imaturidade grosseira, uma postura um tanto infantil, com a preferência e a prioridade que dá ainda aos pais em tudo o que se refere a aproximação e intimidade.

Mas, por fim, devido à implicância dela, ou talvez por causa da tentação humana em geral, a tentação de ser "como todos os homens" e se enaltecer um pouco diante da mulher, a decisão de Sansão oscila, e ele revela a solução do enigma. O texto não relata o que exatamente ele diz, e principalmente não menciona *como* diz: será que ele se vangloria diante dela descrevendo a luta com o leão? Ou será que é modesto? Será que ele transmite apenas os fatos secos, ou no calor da narração acrescenta mais algum floreio e descreve, por exemplo, a visão incomparável — o mel brotando entre os arcos dos ossos da carcaça, o zumbido do enxame de abelhas...

E se ele conta tudo, tudo o que ocorreu durante a luta com o leão e depois, ao parar diante do cadáver, e também o gosto do mel, a cor e o zumbido, será que o faz com a esperança de que um novo brilho se acenda para ele nos olhos da mulher? Com a esperança de que ela entenda o que seus pais não entenderam?

E o que ocorre então? Será que ela o observa com espanto, com admiração? Com perplexidade, com rejeição? Ou talvez dentro do novo e tempestuoso despertar para esse homem que de repente ela compreende que está mais distante do que parece? Será que ela sente de forma nebulosa que nessa fala ele deixa em suas mãos alguma coisa adicional, não só a solução daquela charada específica, mas também um indício da solução do enigma que *ele* é?

E se tantas perguntas se acumularam aqui, é porque para Sansão certamente aquele era um momento decisivo: mesmo que seja apenas um indício resumido do que se oculta atrás da charada, foi a primeira vez que ele revelou diante de outra pessoa alguma coisa da dimensão miraculosa, oculta, e relatou o acontecimento que não mencionou nem para seus pais.

Mas a mulher, cindida e dividida com tudo o que caiu sobre ela de uma só vez, dentro e fora de sua alma, não conseguiu cumprir a missão que lhe foi destinada. Sentiu um pavor mortal das pessoas do seu povo — e lhes revelou a solução.

Vamos refletir um momento sobre a possibilidade, sempre desejada, de que essa mulher, cujo nome nem sabemos, fosse realmente merecedora do que Sansão lhe contou. O que teria acontecido então, e como seria toda a vida de Sansão se ela fosse capaz de dirigir o olhar para dentro dele, vê-lo como é. O que foi feito ao estranho ainda antes do seu nascimento. O eterno não-pertencimento. O homem capaz de dilacerar um leão com as próprias mãos, e também de se enternecer com a poesia da visão do mel no cadáver. O miraculoso é que talvez o que ele na verdade procure para si seja um coração que o ame com simplicidade, honestidade e naturalidade, não *por causa* da sua natureza prodigiosa, mas *apesar* dela.

E ainda que não tenha sido mencionado explicitamente que Sansão amava aquela mulher, o que foi dito dela, ao que parece, é muito importante para ele: ela "agradou aos seus olhos". Duas vezes ele diz que ela agradou aos seus olhos. Quer dizer, ela tinha alguma coisa que lhe parecia correta. E se é assim, ela parecia desprovida da falsidade e da malícia com que as pessoas costumavam se relacionar com ele desde o ventre, e com as quais o viram durante toda a vida. A retidão daquela mulher garantia a Sansão a possibilidade de sossego, repouso para a alma. Sente que aos olhos dela é aceito, finalmente, como ele é, e é possível que, principalmente por causa disso, a mulher tamnaíta tenha sido a sua primeira escolha.

Mas ela também o traiu, imediatamente. Na realidade ele poderia ter suposto isso desde o início. E desde o início ele não podia empurrá-la na armadilha da dupla lealdade: a ele e ao povo dela. Apesar disso, foi exatamente o que fez, como se "encomendasse" para si mesmo, com idéia clara, a traição, e a tivesse impelido a traí-lo. E aqui surge a incômoda suspeita de que era exatamente isso que ele queria.[21]

"Que coisa é mais doce que o mel", respondem os filisteus, "e que coisa é mais forte que o leão?" Quem responde agora não são os companheiros, e sim os compatriotas, as pessoas da cidade. Quer dizer, não apenas seu segredo particular se revelou, mas também vazou do banquete de casamento e chegou a toda a cidade de Tamnata, passou a ser propriedade dos seus habitantes. Sansão fica furioso: "Se vós não tivésseis lavrado com a minha novilha, não teríeis decifrado o meu enigma", reclama com os filisteus a acusação, com colorido sexual. (Até mesmo na sua raiva, ele se esmera em poetizar!) Está furioso, entende-se, uma ira humana e natural, pois os companheiros conseguiram finalmente superá-lo; porém, mais do que isso, queima-o a traição da mulher, porque pela primeira vez na vida ele ousou trazer alguém ao seu lugar interior, que até então pertencia apenas a ele, o lugar da doçura dentro da força, e exatamente aí foi traído.

Pois um momento após ter contado à mulher o seu segredo, e depois de ter conseguido ser benevolente com a própria realidade, e tornar-se conhecido numa verdadeira revelação, o espaço íntimo deles se encheu de repente de pessoas completamente estranhas. É possível supor a grandeza da dor que invadiu Sansão, que penetrou e desceu às raízes da sua existência e a lugares que não têm nomes nem palavras — até esse momento íntimo e incomparável, o momento do "encontro" entre a mãe e o filho no ventre, que foi invadido por um estranho.

Mas talvez exista mais um possível motivo para aquela fúria terrível que provocou nele os atos de represália e matança coletiva que realizou depois.

Para tanto, tentaremos imaginar o andamento da conversa entre a mulher de Sansão e os companheiros: segundo o texto, ela foi e "o descobriu aos seus compatriotas". Mas será que ela lhes revelou um palmo a mais? Será que contou também sobre o tema mais profundo que lhe fora revelado um minuto antes por Sansão? É difícil saber, é claro, se ela própria captou completamente o significado da revelação que Sansão lhe fez. Alguma coisa na formulação da resposta dos filisteus a Sansão dá a entender que, mesmo depois de terem ouvido as palavras da mulher, não sabem muito. Não a respeito de Sansão, nem sobre o grande acontecimento que inspirou a sua charada. Aparentemente, ouviram da mulher apenas a essência obrigatória das palavras, algo sobre um leão morto e sobre mel, e com o pouco que têm se posicionam contra Sansão e fingem que sabem mais do que isso.

É só uma suposição. Mas se ela for real, então surge a possibilidade de que talvez justo a concisão da resposta dos filisteus, seu resumo lacônico e sábio, tenha sido o que acendeu, mais do que tudo, a ira de Sansão.

Pois pode ser que, ao ouvir "Que coisa é mais doce que o mel, e que coisa é mais forte que o leão?", Sansão tenha sentido que o segredo, tão caro a ele, o segredo que expressa, ao seu ver, a sua singularidade, a sua eleição, foi humilhado e pisoteado, quase transformou-se em piada, em alguma coisa que pode ser resumida num rápido e melodioso título, um tipo de refrão; assim, de uma só vez, o segredo, a coisa especial, passa a ser uma forma de deboche, de calúnia, que cada um dos compatriotas pode repassar adiante, mesmo sem entender de verdade tudo o que ali se oculta.

Rilke escreveu: "Aqueles que vivem mal este segredo (é o caso da maioria) perdem-no apenas para si mesmos, pois o transmitem a outros como uma carta lacrada sem o saber".[22]

Essas palavras profundas, quando aplicadas à trama da vida de Sansão, ressaltam um olhar às vezes irônico, às vezes empolgante: o próprio Sansão tem um segredo, um *mistério*, mas não raro ele "vive mal" esse segredo (como no caso da meretriz de Gaza, de que trataremos depois). Ele próprio se comporta às vezes como quem está destinado a "transmiti-lo a outros como uma carta lacrada", quer dizer, executar o projeto divino que o elegeu sem entender completamente o cerne, o mistério que o incomoda desde que estava no ventre da mãe.

Seja como for, uma coisa é certa: sempre, sempre mesmo, a pessoa terá um sentimento de profunda humilhação quando seu segredo circular entre estranhos, pessoas que não entendem, que não são dignas. Esse foi o sentimento de Sansão ao ouvir a solução da charada, ao ver os companheiros rindo de sua agonia. E já que se fala de Sansão, vale acrescentar que talvez essa seja também a sensação do artista cuja obra se revela a muitos e lhe é devolvida vazia, incompreendida e até ridicularizada.

Ardendo de raiva e vergonha, ele desce a Ascalon, cidade filistéia, e ali mata trinta pessoas.

É de espantar que Sansão tenha ido justamente até Ascalon, uma caminhada de quarenta quilômetros, e não, por exemplo, à cidade filistéia de Ekron, distante de Tamnata apenas cinco quilômetros. Por que preferiu atravessar dezenas de quilômetros dentro do território filisteu? Será que a resposta está oculta na pergunta, pois Sansão deve penetrar o mais profundamente possível na existência filistéia, confrontar-se cada vez mais com estranhos, com zombeteiros, com inimigos?

Sansão mata trinta pessoas inocentes, cujo destino cruel fez que esbarrassem nele nas ruas da cidade. Ele rouba suas trinta túnicas e as leva aos trinta companheiros. Assim como o desprezaram, ele faz o mesmo com trinta estranhos. Toma a vida deles para usar suas "cascas". Um ato abominável que a nada se compara, que testemunha, à sua maneira, a tendência de Sansão para confundir de forma preocupante casca e conteúdo, o que é mistério e o que é estranho.

Após o fracasso do casamento, com o golpe que o mundo lhe desferiu, Sansão volta como uma criança à casa do pai e da mãe. E lembra: ele já é casado, já abandonou a casa dos pais — e mais uma vez volta para lá curar seus ferimentos, consolar-se um pouco junto deles. Mas logo depois, na época da colheita, retorna a Tamnata. Novamente se estica o cordão umbilical, novamente ele tenta se separar dos pais e voltar para a mulher filistéia.

Leva um cabrito para oferecer a ela, um presente de conciliação, e tenta encontrá-la, mas então fica claro que é impossível: o pai dela já a havia dado a outro homem, "um teu amigo", e parece que o texto se refere a um dos companheiros que estavam com ele no banquete de casamento, e que obrigaram sua mulher a revelar o segredo. O pai da moça sugere a Sansão, como era costume naquele tempo, que se case com a irmã mais nova, que é, segundo ele, "mais formosa do que ela", mas Sansão já está queimando de raiva: "De hoje em diante não poderão os filisteus queixar-se de mim se eu lhes fizer mal", ele diz, e trata de empreender sua vingança.

"E tomou trezentas raposas, e juntou-as umas às outras pelas caudas, e no meio atou fachos; e tendo-lhes chegado fogo, largou-as, a fim de que corressem para todos os lados. Elas meteram-se logo por entre as searas dos filisteus. E incendiadas estas, queimaram-se tanto os trigos enfeixados como os que ainda estavam por segar, de tal modo que também as vinhas e os olivais foram consumidos pelas chamas."

Esse ato de Sansão também é terrivelmente selvagem, cruel. Mas que vingança magnífica, bem arquitetada, e até mesmo estética!

Pensemos só, quanto esforço um homem deve investir para capturar trezentas raposas, atá-las umas às outras, amarrar uma tocha entre elas, atiçar fogo, e depois enviá-las aos campos.

Não menos do que o esforço físico impressionam também o plano, a idéia, a invenção. A Bíblia, como se sabe, está cheia de atos de violência brutais e grosseiros (seria interessante alguma vez organizar o catálogo completo dos tipos de ataque e vingança que eram comuns naquele tempo entre os filhos de Israel e seus inimigos, o desmembramento de cadáveres, matança coletiva com marcador de gado e até a circuncisão em massa). Em oposição a tudo isso, Sansão se vinga de forma mais original, com uma medida estética e até mesmo brilhantemente artística (na linguagem da arte moderna diríamos que na passagem das raposas incendiadas Sansão criou, de fato, uma *performance*). Essa é a concretização não apenas de sua imensa força física, como igualmente de seu estilo, que acrescenta e deixa uma marca especial em todas as suas ações, pequenas ou grandes, em cada gesto e cada contato seu com o mundo.

Contudo se há em Sansão alguma coisa de artista, certamente existe um significado não só na sua expressão, como também na sua forma: um ato como esse não surgiu simplesmente de um capricho. Ele foi investido de pensamento, nota-se nele uma intenção: pois Sansão poderia, por exemplo, ter amarrado uma tocha na cauda de cada raposa separadamente, e enviá-las para pôr fogo no trigo e na seara, e assim causaria um grande prejuízo aos filisteus, duas vezes mais! Mas isso, ao que parece, não iria saciar o profundo impulso que ele tinha, o impulso "artístico" de expressar alguma coisa interna e específica em cada ato seu.

Vamos ler mais uma vez a história que ele nos conta aqui, escrita em termos de raposas e fogo. Ele amarra as raposas em pares. Acende uma tocha entre elas. É possível sentir o que acontece com as raposas nesse momento. A corrida enlouquecida quando uma tenta se separar da outra, a gêmea, porque parece que é dali que vem o fogo. Num instante elas passam a ser uma existência dupla, incendiando-se, e não conseguem se desvencilhar umas das outras. Cada raposa tenta fugir numa direção, mas arrasta consigo o par, o oponente, a desgraça.

Isso, ao que parece, é o que irrompe das profundezas da alma de Sansão como a oculta "assinatura do artista", que ele atira com todas as forças para o mundo: o par, o fogo concentrado nele, fortes impulsos rasgando-o em pedaços, forças opostas agindo dentro de si: o nazirato e os desejos, o corpo forte e musculoso, e a alma "artística", espiritual; a crueldade assassina que explode nele, em oposição à poesia; o conhecimento de que é apenas um instrumento nas mãos de alguma "providência divina" que o usa segundo suas necessidades, e em contrapartida a oscilação de uma forte vontade própria e o impulso da expressão pessoal; e também sua determinação de guardar para si o segredo, junto com a necessidade desesperada e primitiva de ter uma alma próxima diante da qual possa se expor.

E por que se admirar que ele precise de nada menos que trezentas raposas para expressar tudo isso?

As raposas, tochas vivas, rompendo os campos, semeiam destruição, ruína e fogo, consomem todos os cereais ali reunidos (a época, como já foi dito, eram "os dias da ceifa do trigo"), e morrem também, como um tipo de profecia retirada de dentro de Sansão, a profecia que nem ele mesmo consegue decifrar naquele momento: "Morra eu com os filisteus".

Os filisteus se vingam antes de quem pensam que lhes trouxe o mal: a mulher de Tamnata. Eles a queimam junto com o pai. Fogo por fogo. Sansão se vinga também por isso e os golpeia com "um grande destroço, de sorte que, atônitos, punham as pernas sobre as coxas". Assim, de momento a momento vai se complicando essa estranha guerra de um homem contra todo um povo; um homem destinado desde o ventre da mãe a "salvar Israel", mas fica claro que essa "salvação" nunca vai além da destruição maciça de filisteus.

Aqui é preciso lembrar o que talvez tenha sido esquecido no calor da narrativa: que Sansão era *juiz*. Líder nacional que julgou Israel durante vinte anos. Sem dúvida, um juiz estranho. Quando teve algum contato com os homens de seu povo? Quando cuidou de seus interesses, e quando se sentou para julgar entre eles? Pois, como todo aquele que leu a história sabe, sua vida e seus atos são sempre dirigidos para fora, para os filisteus; com eles tem laços de amor e vingança, banquetes e batalhas (e quem sabe por isso existam na narrativa vários momentos em que ao leitor Sansão parece um personagem mais "filisteu" do que judeu).

Apesar disso, sua história teve o mérito de ser incluída na Bíblia, longa e detalhada; e mesmo que às vezes Sansão seja interpretado de forma negativa, por causa da agressividade, da libertinagem e da perseguição às mulheres, ocorre que na consciência do povo judeu ele é considerado herói nacional e acabou se transformando num símbolo. E isso talvez porque, apesar de tudo, nos traços mais profundos de sua personalidade — na solidão e no distanciamento, na forte necessidade de preservar a diferença e os enigmas, mas também no entusiasmo sem limites de misturar-se e envolver-se entre estranhos — Sansão expresse e indique traços muito "judaicos".

E também, é claro: judeus de todos os tempos se orgulharam das histórias de bravura de Sansão e desejaram ter sua força física, coragem e masculinidade. Mais que isso, valorizaram sua possibilidade de agir de forma vigorosa, sem barreiras ou obstáculos morais, possibilidade que a história negou aos descendentes de Jacó durante milhares de anos, até o estabelecimento do Estado de Israel.

Em hebraico, ele quase sempre é denominado "Sansão, o herói", e unidades de combate de elite no Exército de Israel são chamadas pelo seu nome, desde as Raposas de Sansão, da Guerra de Independência, até a unidade Sansão, fundada no tempo da Primeira Intifada (sem esquecer, é lógico, a rede de instituições para o desenvolvimento do corpo criada nos anos 60 pelo musculoso rabino Rafael Halperin, o Instituto Sansão).

Mas justamente na existência do Estado de Israel se revela, em épocas conturbadas, uma analogia básica com Sansão e sua força: como no caso de Sansão, parece que a grande força militar de Israel hoje é um bem disponível que se torna um mal; sem diminuir os perigos que Israel enfrenta, a situação de ser "possuidor de uma força poderosa" não é, na verdade, uma inclinação da consciência israelense, não foi assimilada de forma natural no decorrer do desenvolvimento de várias gerações; e talvez também por isso a relação com essa força, cuja conquista é acompanhada às vezes de um sentimento de verdadeiro milagre, não raro tende à deturpação.

Um engano como esse pode levar, por exemplo, a um exagero no valor que quem detém a força dá a ela; a transformar a força num valor em si mesmo; a usá-la de maneira desmedida; e também à tendência de lançar mão quase automaticamente de seu uso em vez de optar por outras formas de ação — essas são, afinal, atitudes tipicamente sansonianas.

A isso pode-se acrescentar o reconhecido sentimento israelense, diante de qualquer ameaça, de que a segurança do país entrou em colapso — sentimento presente também em Sansão, cujo ombro foi quebrado em pedaços e cuja força se esgotou de imediato em determinadas situações. Esse colapso não deixa ver toda a verdadeira força, e não raro ele arrasta atrás de si uma reação vigorosa, o que complica ainda mais a situação. Tudo isso testemunha, ao que parece, um fraco sentimento de posse da força conquistada e, certamente, também uma profunda insegurança existencial. Isso se relaciona, sem dúvida, com os verdadeiros perigos que espreitam Israel, e ainda com a vivência formadora trágica de ser estranho no mundo, a noção judaica de não ser uma nação "como todas as nações", e de o Estado de Israel ser como que um Estado "sob condição", cujo futuro para sempre estará colocado em dúvida e mergulhado em perigo — sentimentos que todas as bombas nucleares que Israel desenvolveu, no programa denominado Opção Sansão, não conseguem, pelo visto, aplacar.

Após ter golpeado os filisteus, Sansão se dirige para a caverna da rocha de Etã e lá se estabelece, ao que tudo indica, ao lado da cidade de Etã, no território da tribo de Judá.[23] Lá ele permanece só, aparentemente retirado da sociedade depois de se desiludir da humanidade.

Mas os filisteus estão prontos para a vingança. Eles seguem até Judá e se preparam para o combate. Os habitantes de Judá se assustam com a mobilização filistéia, perguntam por que se preparam para guerrear contra eles, e os filisteus respondem: "Viemos prender Sansão, e pagar-lhe o que fez contra nós".

Três mil habitantes de Judá descem imediatamente ao lugar onde mora Sansão, na caverna da rocha de Etão. Sansão, como foi mencionado, não é da tribo de Judá, e está para provocar uma guerra que não pertence a eles. "Tu não sabes que estamos sujeitos aos filisteus?", dizem, com medo. "Por que quiseste, pois, fazer-lhes isto?" Três mil homens se postam diante dele amedrontados, e Sansão, com uma lógica teimosa, simplesmente responde: "Eu fiz-lhes como eles me fizeram a mim".

Três mil homens entreolham-se em silêncio. É quase possível ouvir os pigarros na confusão. "Nós viemos", se atrevem a dizer finalmente, "para te prender, e para te entregar nas mãos dos filisteus." E pode-se sentir a prece de anos infiltrada na voz deles: não dificulte as coisas para nós; venha, e acabemos logo com esse assunto imundo de forma honrosa...

Esse episódio é um trecho fácil de pular na história de Sansão, porque não sobressai dentre os demais acontecimentos dramáticos, coloridos com fortes matizes. Mas nós, que lemos a história de Sansão também com interesse nas freqüentes passagens que ele faz entre quem lhe é próximo e quem é estranho e inimigo; nós, que sentimos até que ponto Sansão é chamado cada vez mais a se confrontar com sua alma no enigma da sua estranheza diante de seus pais (e diante dos membros do seu povo, e na verdade diante de cada pessoa); nós nos deteremos um pouco nesse pequeno trecho.

Perplexos, param diante dele. Espantam-se com a extrema solidão que irradia daquele homem aninhado na pedra. O homem que talvez já tenha se tornado uma lenda entre as tribos de Israel por causa da sua ousadia sem dúvida evoca também medo e raiva, devido à fúria dos filisteus, aos quais ele incita cada vez mais. Sansão não provoca apenas raiva e medo: pois, sozinho, se atreve a fazer o que eles, aos milhares e dezenas de milhares, não ousam. E pode ser que eles consigam prever, em algum lugar recôndito no coração, num canto que permaneceu livre, não submisso nem enfraquecido sob o peso do domínio filisteu, que chegará o dia em que, na história do povo daquela época, Sansão — e não eles — é que será apresentado como modelo de luta contra a ocupação e a tirania.

Viemos prendê-lo, eles balbuciam, entregá-lo nas mãos dos filisteus... Quase não há dúvida de que nesse momento aqueles homens odeiam Sansão tanto quanto desprezam os filisteus. Se não o temessem, certamente partiriam para cima dele, executando eles mesmos a tarefa dos filisteus. E eis que, surpreendentemente, Sansão nem discute. Pede apenas: "Jurai-me e prometei-me que não me haveis de matar". E eles de fato prometem não feri-lo, que só o prenderão e entregarão aos filisteus: "Não te mataremos".

O diálogo entre ele e os habitantes de Judá é descrito com certa delicadeza, com piedade até. Alguma coisa na conversa quase incomoda o leitor e pede que atente ao que está ocorrendo: os habitantes de Judá evitam ferir Sansão. Mesmo com toda a ira que sentem contra ele, guardam uma distância respeitosa, de admiração. O leitor, que já observou um pouco a existência de Sansão, sabe que ele pode interpretar essa distância não só como expressão de respeito, mas também como manifestação de estranhamento e fuga. Sansão conhece muito bem essa atitude para consigo, a dimensão do respeito, o temor que o condena cada vez mais, como sempre, à solidão, ao isolamento.

E como já foi mencionado, é o seu próprio povo que lhe faz isso. Filhos do seu povo, do qual é o juiz, o líder. Eles não se atrevem a contrariar, nem mesmo de forma simbólica, a exigência dos filisteus e pôr em perigo suas vidas por causa de Sansão. Também não sugerem, por exemplo, afugentá-lo da região e acalmar de outra forma a ira dos filisteus. Querem prendê-lo, e não escondem o quanto desejam se livrar do perigo constante que Sansão representa. E ele certamente sabe disso, conhece seus obstáculos e sua pressa, mas não reclama: "Jurai-me e prometei-me que não me haveis de matar" — não pede mais do que isso nesse momento de tensão. E sabe que eles não poderão matá-lo, porque é mais forte que todos juntos, mas tem, ao que parece, uma necessidade comovente, quase patética, de ouvir deles — justo deles — a promessa consoladora e melodiosa, as palavras explícitas: "Não te mataremos". Como se com essas palavras eles, os seus irmãos, pudessem aliviar por um momento a angústia eterna a que a mãe o condenara ao declarar sua morte ainda antes do nascimento.

Eles o prendem com duas cordas novas. Quem leu toda a história de Sansão lembra que quando Dalila lhe pergunta, algum tempo depois, como é possível prendê-lo para torturá-lo, ele caçoa dela e diz "com cordas novas"; e quando a mulher o amarra, ele se desvencilha delas como se fossem fios.

Mas aqui ele deixa os habitantes de Judá o amarrarem com esses fios. Coloca-se entre eles, talvez o mais alto de todos, permite que o envolvam com suas teias, sente a grande traição apertando-lhe a carne e deixa que o entreguem preso nas mãos dos estrangeiros.

E essa sua passividade faz pensar que Sansão quase sente prazer, um prazer extravagante, amargo, oblíquo, diante daquela situação. Como se participasse de uma cerimônia completamente interna, em que os habitantes de Judá fossem apenas marionetes; e nos fios dos fantoches são manipuladas as necessidades mais profundas e primitivas de Sansão, a necessidade de vivenciar cada vez mais a experiência da traição entre os seus próximos. A compulsão de repetir seguidamente a experiência ancestral de ser entregue a estranhos, ou de ser desprezado.

E então, depois que extrai do encontro com os filhos do seu povo o estranho néctar que, ao que parece, lhe é tão necessário, ele volta a agir com a força e a violência de sempre: isso ocorre quando os habitantes de Judá o retiram da rocha e o conduzem para o lado dos filisteus, formados contra ele num lugar chamado Lequi.

Mesmo quem não esteve lá pode imaginar como os três mil homens da tribo de Judá conduziram Sansão amarrado num longo desfile liliputiano levando à frente uma espécie de estátua gigante. Quando os filisteus o vêem, se entusiasmam, se animam para o combate, mas quando o pegam, novamente Sansão é tomado pelo espírito do Senhor. Seu corpo queima com o desejo de vingança até que as cordas nos seus braços se desfazem "como o linho costuma consumir-se ao cheiro do fogo". Ele estende a mão e encontra, ao acaso, uma queixada de jumento, e com ela atinge mil filisteus.

Tarefa concluída, volta a surgir o poeta de dentro do brigão: "Com a queixada dum jumento", ele poetiza, "os (*inimigos*) derrotei; com a mandíbula dum jumento mil homens matei". E nós também, no terror da matança, encontramos dentro de nós muitos poemas para citar, pois essa "fala elegante" de Sansão, sua criatividade e seu poder de invenção estão preservados do mesmo modo nas armas que ele utiliza — raposas, queixada de jumento, as mãos contra o leão, somente materiais "orgânicos", naturais e originais.

A sede o invade "logo que acabou de cantar estas palavras" (e não fica totalmente claro se foi por causa do esforço do extermínio de mil homens, ou devido ao pequeno poema que criou). Ele clama a Deus: "Tu foste o que salvaste o teu servo e o que lhe deste esta grandíssima vitória. Eis que morro de sede, e cairei nas mãos dos incircuncidados". Esse clamor machuca o coração, porque Sansão está muito fraco e vulnerável: ele parece uma criança que se exalta com o pai, ou alguém que está desolado com o fracasso do "grande projeto", que nunca supõe entender completamente, sabendo apenas que é usado nele como ferramenta ou instrumento.

Mais um momento nos ateremos a esse clamor, e ficaremos de novo assombrados com a transformação repentina e aguda do herói e assassino em quase uma criança: imediatamente, e com facilidade espantosa, é como se a coluna do herói se quebrasse, e ele se abate, grita e pede desesperado um tipo de abraço paterno, preocupado e piedoso.

O grito de Sansão surpreende ainda porque, por um momento, se afastam as bordas da cortina e fica claro que ele fala direto com Deus. Essa fala testemunha, entende-se, o tratamento especial e a relação de múltiplas implicações, dos quais até agora nada foi dito. E se isso não basta para modificar o destino preestabelecido de Sansão, o conhecimento desse fato, apesar de tudo, consola um pouco, alivia a grande solidão que nosso herói sente entre seus irmãos, os homens.

Mas pode ser que na súplica de Sansão se oculte um drama adicional, muito humano, que diz respeito à relação entre ele e Deus: é possível que Sansão entenda que a sede que o atingiu seja um castigo imposto por Deus, porque no discurso de vitória ele se vangloriou como se tivesse sozinho, apenas ele e a queixada de jumento — sem a ajuda divina —, atingido os filisteus. Agora que jaz desmaiado de sede sobre a rocha, Sansão garante a Deus que sabe muito bem de quem é o mérito da vitória: "Tu foste o que salvaste o teu servo e que lhe deste esta grandíssima vitória", ele balbucia, e Deus recebe o agradecimento, que contém arrependimento e também um pedido de desculpas, abrindo "um dos dentes molares da queixada do jumento" e fazendo brotar água dali.

Depois de tudo isso, "Sansão foi também a Gaza, e viu lá uma mulher meretriz, e entrou em casa dela".

Existem, como se sabe, muitas razões pelas quais um homem vai a uma meretriz; mas antes de pensarmos por que, afinal, Sansão foi a uma meretriz, e antes ainda de nos lembrarmos de que ele era nazireu (porque, em se tratando de Sansão, é fácil esquecer isso, já que, como foi dito, ele é um nazireu que não tem a proibição do contato com mulher), talvez seja preciso perguntar: por que, afinal, ele foi a Gaza? Por que justo à cidade dos filisteus, cujos habitantes ele não tem dúvida de que querem matá-lo?

Quem poderá entender o significado do estranho impulso de Sansão de se enraizar entre os filisteus? Misturar seu corpo, seus punhos aos deles: na verdade todo o seu contato com eles é um emaranhado de corpo, carne e fluidos, tocando, entrelaçando, insinuando e penetrando. Quem quiser pode ver aqui, entre outras coisas, a expressão do desejo obscuro de Sansão, pois na verdade o contato intenso com outros, e precisamente com estranhos, compensará alguma coisa que talvez falte na raiz de sua natureza: o sentimento de sua existência real, física, e das fronteiras comprovadas e legítimas dessa existência.

No horizonte do mundo de Sansão não há ninguém minimamente parecido com ele. Nesse sentido, Sansão vive e age num espaço vazio. Dentro desse vazio se ergue a sua identidade, que é de uma natureza que escapa a qualquer definição, cheia de contradições, lendária e prodigiosa. Não é difícil imaginar a confusão que domina uma alma como essa, que precisa constantemente de sinais de realidade e de outras identidades para estabelecer seus limites. Não admira, então, que um homem como ele seja atraído a se confrontar, cada vez mais, justo com a essência que lhe é de todo estranha, quer dizer, essa que de início se revela ao observador como possuidora de linhas de fronteira precisas e claras, e até unidimensionais. Quando ele faz contato com essa essência, consegue sentir — além da satisfação de estar atuando na realização do destino divino que lhe foi designado — a sua fronteira, a cerca que o separa dessa essência, e assim pode vivenciar o sentimento do próprio limite e talvez também o da própria definição. Por isso justo para Gaza, justo para a cidade dos filisteus, para estar entre os estranhos, os outros, os diferentes, confrontar-se com eles, emaranhar-se neles e insinuar-se para eles, matá-los e amá-los e matá-los de novo...

E surge outra idéia, a de que talvez Sansão tenha a necessidade interna de dividir a totalidade de sua existência entre pessoas e lugares diferentes e distantes uns dos outros. Quer dizer, segmentar e espalhar-se sem cessar para preservar o segredo que é o coração e o foco de sua vida. E por isso, por uma espécie de instinto de sobrevivência, Sansão precisa ser sempre um nômade, permanecer por pouco tempo onde quer que esteja — Saraa, Estaol, Tamnata, Ascalon, Judá, Gaza, Hebron, rio Sorec — e sair rapidamente, revelar um passo e esconder muitos, e assim criar em volta de si uma realidade na qual, em cada lugar, as pessoas conheçam apenas "uma parte de Sansão", só um pedaço do mosaico, e talvez desse modo tornar difícil — para os estranhos, que o espreitam furtivamente — entender o quadro inteiro e decifrar, de uma vez por todas, o seu enigma.

(Ao ler a descrição de seu movimento freqüente, forte e ligeiramente enlouquecido, é possível que o pensamento retome a lembrança de sua mãe correndo pelos campos, rápida e ágil, para contar a Manué a respeito do encontro com o anjo. "Apressou-se e correu", está escrito, e é como se já nessa corrida estivesse gravando no filho em suas entranhas a força, o ímpeto e também o prazer da velocidade...)

Se a caminhada dele à Gaza filistéia desperta espanto, sua ida à meretriz parece mais simples de entender. Sansão está só, agora. Não tem uma mulher. Quem lembra que quando o espírito do Senhor começou a inspirá-lo ele foi imediatamente em busca de amor pode imaginar a profundidade do seu isolamento e desgosto, depois do período em que permaneceu na caverna da rocha de Etão. Mas certamente pode ser que Sansão se dirija à meretriz também por causa da amarga decepção que teve na experiência anterior — a primeira — com uma mulher, a sua mulher, filha de Tamnata, que foi dada a outro. Se é assim, com todo o respeito ao instinto sexual ardente de Sansão, podemos supor que a procura pela meretriz expresse a perda da esperança de encontrar o amor verdadeiro e a possibilidade de confiar seu segredo, as chaves da sua alma, a alguém digno de confiança.

E mais: o contato com a meretriz significa dar alguma coisa cara, muito íntima, a uma pessoa totalmente estranha, alguém que não tem nenhum interesse verdadeiro na essência daquele com quem tem contato sexual. Esse é o elemento mais desprezível do meretrício, e também, é claro, o segredo do seu apelo: a radical intersecção entre o mais íntimo e o mais anônimo, o mais particular e o mais público, o esperma e o estranho.

Visto dessa maneira, fica claro por que Sansão escolhe essa possibilidade: quando se deita com a meretriz, na verdade, ele mais uma vez expõe o mistério que reside nele a um completo estranho. Flerta novamente com a necessidade que tem de se dar sem se entregar de verdade, de propor uma charada sem solução. Uma vez mais ele poderá se encontrar com um estranho no ato mais íntimo possível, o ato do *conhecimento*, e permanecer desconhecido, indecifrável.

Pois isso, ao que parece, é o que Sansão busca constantemente — o ponto de contato fugidio, duvidoso, que não oferece satisfação completa, nem consolo, nem intimidade verdadeira. E muito menos amor. E não proporciona aquilo de que ele precisa mais do que tudo — dar-se integralmente a outra pessoa e ser aceito por ela para que ocorra entre eles uma abertura, de modo que ele possa talvez finalmente se curar do sentimento de rejeição que carrega desde o nascimento.

Por que Sansão se comporta assim? Por que não tenta apenas uma vez salvar-se com a ajuda de uma alma adequada, que consiga verdadeiramente atendê-lo na sua profunda necessidade, e o cure dessa terrível experiência essencial da estranheza?

Mas podemos estender a questão e perguntar por que tão freqüentemente as pessoas fracassam justo onde mais precisam de salvação. É assim quando se trata de indivíduos, mas também quando se trata de sociedades e povos, como se às vezes estivessem fadados a repetir, em ciclos deprimentes, exatamente as escolhas e as submissões mais trágicas de sua história. No caso de Sansão essa força destruidora atua claramente, e por causa dela, pelo visto, ele continua por toda a vida a ser fiel às distorções impostas pelos outros e com freqüência se afasta de suas necessidades mais autênticas e vitais — a necessidade de um amor verdadeiro, com verdadeira aceitação, e a ânsia por relações plenas de honestidade e confiança.

Assim, Sansão se dirige não só a uma meretriz, mas a uma meretriz de Gaza. Quer dizer, para um duplo estranhamento e, além disso, uma mulher que ele tem certeza de que o entregará imediatamente aos de seu povo, ou de que seu encontro com ela provocará a sua prisão pelos filisteus, que há muito tempo clamam por vingança, por tudo o que Sansão lhes fez.

Quando os habitantes de Gaza tomam conhecimento de que Sansão está na casa da meretriz, reúnem-se imediatamente e armam uma emboscada no portão da cidade, por onde ele passará obrigatoriamente ao sair. Permanecem lá deitados em silêncio toda a noite, e pretendem capturá-lo e matá-lo ao amanhecer. Mas Sansão permanece com a mulher só até a metade da noite, e então se levanta e sai rumo ao portão da cidade, surpreendendo os que lhe armaram a emboscada. Parece que previa a trama dos filisteus, e por isso abandonou a meretriz antes do esperado, para surpreendê-los. Se foi assim, há aqui um argumento adicional para a hipótese de que ele não só buscasse a meretriz, como, ao estar com ela, justamente num ato de amor, pudesse vivenciar (talvez até com prazer) o temor, a tensão, a ofensa, não apenas pela traição previsível, mas também — e quem sabe principalmente — por tomar conhecimento de que no cerne da intimidade entre os dois estão presentes pessoas estranhas.

Esses estranhos estão, na verdade, distantes, porém se fazem muito presentes nas suas intenções e no ar de conspiração, penetrando no quarto onde os dois estão juntos. Sansão consegue, desse modo, segurar os dois pólos de sentimentos que repete continuamente: a forte proximidade e o doloroso conhecimento de que os limites do segredo e a privacidade dele e da mulher estão escancarados a todos, e de que a relação entre os dois estava violada desde o início. Assim ele novamente confirma aquilo que em grande medida modelou a sua vida e ditou o seu caminho, e continuará a prejudicá-lo até o último dos seus dias — que a intimidade, toda intimidade, é, por definição, contaminada.

"Sansão, porém, dormiu até meia-noite; e depois, levantando-se, pegou em ambos os batentes da porta com os seus postes e fechaduras, e, pondo-os às costas, levou-os até o alto do monte que olha para Hebron."

E apesar de, como já foi mencionado, em nenhum momento ter sido dito que Sansão era um gigante, aqui ele se assemelha a um ser colossal. É assim também na famosa ilustração de Doré *Sansão carrega os portões de Gaza*, em que ele aparece subindo um monte (aparentemente já próximo a Hebron; perto de Gaza não há montes como esse).[24] O céu sobre ele, como que se abrindo, e uma luz brilhante envolvendo-o. Mas o próprio Sansão não vê essa luz: ele está quase se dobrando sob o peso do gigantesco portão, que o separa da luz, e sua aparência é de meio Deus, meio homem, sofrido e aflito.

Também aqui, como em todas as ações de Sansão, há um fato inigualável em toda a Bíblia, que é igualmente um tipo de performance impressionante e cheio de significado: um estranho chega à cidade, e ao sair dela carrega justamente os portões. O que separa o interior do exterior. Invade o limite da cidade e retira dela a sua barreira, que estabelece a diferenciação entre os filhos da casa e os estranhos e inimigos. Isso, claro, é um símbolo que não é estranho para o discurso interno de Sansão, mas aqui ele cria uma versão a partir de um novo ângulo: no ato de arrancar o portão-limite pode-se identificar não só a intenção consciente, quase automática de Sansão, de atingir e humilhar os filisteus; se quisermos, há aqui um tipo de reclamação, e até mesmo um *protesto* singular pela violação de sua própria intimidade.

E assim, na imagem do homem que arranca os portões e os carrega nas costas, o leitor pode encontrar, em pensamento, um pequeno consolo: se a grande tarefa destinada a Sansão — a guerra contra os filisteus — lhe foi decretada sem possibilidade de recusa, e se toda a sua vida é uma trajetória predeterminada, eis que ele consegue extrair de dentro de si fagulhas de livre-arbítrio, escolhendo sempre um modo excepcionalmente auto-expressivo de executar essa tarefa.

Na floresta, no caminho para a colina de Saraa — o lugar onde ficava, ao que parece, a Saraa bíblica —, há placas amarelas indicando o TÚMULO DE SANSÃO E MANUÉ, um estímulo irresistível à curiosidade. A colina, cujo solo é de resina marrom-acinzentada, é coberta de espinheiros e restolho amarelo e ralo. No cume estendem-se um chão de concreto e dois túmulos, um tipo de jazigo pequeno, feito de pedras talhadas, e sobre ele, duas elevações azuis. Numa delas está escrito: O ÍNTEGRO JUIZ DE ISRAEL, SANSÃO, O HERÓI, DE ABENÇOADA MEMÓRIA, QUE JULGOU ISRAEL, ESTEJA NO CÉU COM SEUS ANTEPASSADOS. Até o suposto dia da morte está anotado: 24 DE TAMUZ. E, escrito com a caligrafia dos rolos da Torá sobre a segunda elevação: O JUSTO MANUÉ, DE ABENÇOADA MEMÓRIA, QUE VIU O ANJO DE DEUS FACE A FACE. A propósito: a mãe de Sansão, cujos contatos com o anjo foram mais próximos que os do marido, não conseguiu ter um túmulo, nem que lhe erguessem um monumento no jazigo da família.

Esses, com certeza, não são os verdadeiros túmulos de Sansão e seu pai. Como saber, de fato, quem está lá enterrado, e mesmo se há alguém enterrado? Há quatro anos apareceram ali, e não se sabe ao certo quem construiu o jazigo. Mas em pouco tempo o lugar foi considerado sagrado pelos fiéis que ali vão, isoladamente ou em grupos, orando, acendendo pequenas velas de óleo espalhadas nas bases dos túmulos, pedindo a cura para doenças, noivas e noivos para os filhos, sucesso nos negócios, e prole para as filhas estéreis. À noite é possível encontrar os hassidim de Bratzlav que fazem "Tikun Chatzot",* chorando, enlutados pela destruição do templo.

Há uma grande caverna perto do lugar. Receptáculos côncavos de prensa de oliveira estão afixados na rocha. Uma vez andou ali um jumento num círculo infinito, circundando a mó redonda — que ainda está lá, posta de lado, quebrada — e triturando as azeitonas para extrair azeite. Há também um grande e lagar qua-

---

* A prece da meia-noite que lamenta a destruição do Templo de Jerusalém. (N. T.)

drado entalhado na rocha. Pelo tamanho, fica claro que era um dos lagares centrais da região, e como as uvas devem chegar ao lagar o mais perto possível da hora da colheita, dá para inferir que os terraços aos pés da colina eram, naquele tempo, cheios de videiras.

No cume, ao lado dos túmulos, alguém instalou um pequeno armário com Bíblias e livros de orações. Uma pequena Bíblia, com bilhetes de ônibus servindo de marcadores entre as páginas, é aberta por um leve contato manual. Amassada, tocada por muitos dedos, manchada de suor e de lágrimas:

"Depois disto amou uma mulher, que habitava no vale de Sorec, e se chamava Dalila."

Quem é Dalila? O texto não responde. Nem sequer comenta se era filistéia, como as demais mulheres de Sansão. Em contrapartida, ela é a primeira mulher, na narrativa, que tem um nome, e a única que Sansão, explicitamente, amou. Mas onde a encontrou? O que viu nela? Não há como saber. Nem como a cortejou, o que foi diferente dessa vez, quando amou de verdade, em comparação com as outras; e, principalmente, o que o silêncio do texto insinua sobre os sentimentos de Dalila por Sansão.

O narrador bíblico, como já foi mencionado, não é generoso nessa informação. Seu interesse é nos atos, na ação, e assim ele prossegue também aqui, exatamente como se apressou ao ir de "Ela, pois, deu à luz um filho, e pôs-lhe o nome de Sansão. E o menino cresceu, e o Senhor o abençoou" direto para "E o espírito do Senhor começou a ser com ele [...] entre Saraa e Estaol", quando salta os capítulos da infância de Sansão e pula os detalhes muito curiosos sobre o crescimento desse menino fora do comum, as travessuras infantis (será que estrangulou cobras, como Hércules? Ou, como Odisseu, lutou contra o porco selvagem?), e sobre os amigos, ou, como podemos prever, o isolamento completo. Nada disso foi informado, e assim nada sabemos também sobre irmãos que talvez tenham nascido depois dele, irmãos sem um destino especial, livres da angústia de um mistério qualquer, filhos normais de pais normais.

É assim também na história de Dalila — nenhum detalhe que provoque espanto, nem qualquer tipo de pausa momentânea no confortável esconderijo da biografia, entre o nome da nova amada e a continuação da história: "E os príncipes dos filisteus foram ter com ela, e disseram-lhe: Engana-o, e sabe dele donde lhe vem tanta força e de que modo o poderemos vencer e castigar depois de atado; se fizeres isto, cada um de nós te dará mil e cem moedas de prata".

Em muitas obras que trataram da história de Sansão — na literatura, na pintura, na música e no cinema[25] —, houve tentativas de descrever Dalila como um personagem trágico, que não pretendia de maneira nenhuma atingir Sansão, e que até sofreu depois de prendê-lo. Essa interpretação consta, por exemplo, na pintura de Van Dyck *A captura de Sansão*, em que nosso herói olha de forma contundente para Dalila no momento em que os filisteus invadem o quarto e o arrancam dela; o rosto de Dalila se volta para ele com uma estranha mistura de satisfação pelo sucesso, dor e suavidade. A mão estendida na direção do rosto de Sansão expressa ao mesmo tempo despedida e renúncia, mas também piedade e vontade de acariciá-lo, como uma provisão de carinho para o caminho de suplícios pelo qual ele deverá passar.

Mas o texto verdadeiro dificulta muito essa interpretação generosa dos atos e do caráter de Dalila, e também a rejeita completamente. O comportamento de Dalila não insinua amor, e apesar disso é essa mulher cruel e traiçoeira que Sansão ama, e, como já foi mencionado, talvez ame justamente o traço de traição que sente nela,[26] e com isso obrigue o leitor a flexibilizar e alargar demais a noção de amor em geral: pode ser que exatamente a crueldade de Dalila e o seu entusiasmo quase explícito ao atingi-lo, entusiasmo que nenhuma das mulheres anteriores demonstrou tanto, sejam os elementos que o ligam a ela num vínculo distorcido — pois fica claro que essa relação é mais forte do que todas as outras que ele teve — e despertam nele o amor.

Mas a explicação do impulso de traição compulsiva — em última instância — é tão desesperadora, tão constrangedora e mecânica, retirando de Sansão toda a liberdade interna, que nós buscamos, em paralelo, obter alguma outra explicação, ou aguardar mais um pouco e esperar que a história nos conduza a ela.

Dalila — movida pela força da promessa de suborno dos príncipes dos filisteus — amarra Sansão e o provoca com um tipo de jogo amoroso de duas faces. Aparentemente ela verifica, junto a ele, qual o segredo de sua força e como é possível acorrentá-lo de forma que não consiga se libertar: "Se eu for ligado com sete cordas de nervos frescos e ainda úmidos, ficarei tão fraco como os outros homens", responde Sansão, estendendo-se com toda a sua estatura sobre o colchão, talvez também fingindo-se distraído, alisando as mechas do cabelo — as sete tranças — e disfarçando um sorriso.

Jogos eróticos dependem de gosto, e ser amarrado com sete cordas úmidas é, ao que parece, do que Sansão gosta. Dalila repassa imediatamente aos príncipes dos filisteus a informação sobre essa fantasia. Eles fazem chegar ao seu quarto os acessórios pedidos, e ela os amarra em volta do corpo de Sansão. E todo esse tempo, como já foi mencionado, "estando eles de emboscada escondidos na sua casa"; não há um exemplo mais contundente do que esse para a confusão de fronteiras e a terrível desordem que ocorre sempre em todos os atos de Sansão, misturando o íntimo e o público, o amor e a traição.

Dalila acaba de envolvê-lo com as cordas, e então, quando ele está bem amarrado, ela lhe diz (num grito repentino? num sussurro junto ao ouvido, como que adoçando um segredo?): "Sansão, os filisteus estão sobre ti". Não passa nem um momento, e Sansão rompe as cordas como se fossem um fio tênue que se rompe "ao chegar-lhe o cheiro do fogo".

Zombaste de mim, afirma Dalila, e não disseste a verdade. Com assombrosa frieza, enquanto tece em volta dele a sua rede de falsidade, ela o acusa de mentiroso. Talvez seu olhar se dirija para a emboscada, e volte a se cravar em Sansão: E agora diz a verdade: como podes ser preso e como é possível amarrar-te?

Sansão — está ainda estendido sobre as costas? ainda estica o corpo com prazer? — sugere uma nova maneira: "Se me atarem com umas cordas novas, que ainda não tenham servido, ficarei sem força, e semelhante aos outros homens".

Adoecerei, ele diz. Ficarei fraco, suaviza o Radak na sua interpretação.

Dalila não perde tempo. Pega cordas novas, rudes e grossas, amarra-o com elas e diz novamente: "Sansão, os filisteus estão sobre ti". Os inimigos se posicionam para o ataque, mas Sansão, num movimento fácil, rompe também essas cordas como se fossem fios.

Zombaste de mim, diz Dalila mais uma vez, e não disseste a verdade. Com que devo prender-te? Sansão percebe, é claro, que ela repete com teimosia a pergunta anterior, e com isso sinaliza que não pretende desistir. Se entretecas as sete tranças da minha cabeça com os liços da teia (quer dizer, com as linhas do tear), ele diz, certamente adoecerei. Podemos imaginar o olhar cintilante nos olhos dele nesse momento, e a alteração de sua voz; as palavras que diz revelam alguma coisa nova:

até agora ele falou com ela numa linguagem um pouco diferente. "Se me atarem", ele diz — duas vezes —, adotando uma linguagem vaga e geral, e tomando o cuidado de não dizer exatamente quem é que irá atá-lo, quem está para atingi-lo. Mas aqui ele já se dirige diretamente a ela, com completo entendimento e lucidez: "Se entreteceres", ele diz, se *tu*, Dalila, entreteceres as sete tranças da minha cabeça…

(E no meio do jogo que não é um jogo, e com um tipo de falta de lógica momentânea naquilo que está para acontecer em pouco tempo, pode-se pensar que só agora, no final da história, o leitor é informado de que Sansão tem sete tranças de cabelo. Algo nessa pequena observação insinua que Sansão amava o seu cabelo e cuidava dele, e o dividia rigorosamente, e trançava com dedicação os seus cachos, trança após trança… E mais: quem já teve, alguma vez, o cabelo muito comprido certamente sabe como é difícil cuidar dele sem ajuda; e aqui, um momento antes de as belas tranças serem cortadas por uma mulher, o pensamento flui para outra mulher, a mãe de Sansão, que talvez o tenha ajudado, na infância e na juventude, a cuidar e trançar, pentear em cachos e lavar os cabelos, e talvez tenha feito isso também na idade adulta, nos períodos entre as mulheres que ele teve.)

Sansão adormece. Talvez estivesse cansado após o divertimento, talvez alguma coisa já estivesse começando a se romper nele. Dalila não descansa. Ela tece as tranças do cabelo dele com os liços e as prende a uma estaca, para maior eficácia, e lhe diz novamente, pela terceira vez: "Sansão, os filisteus estão sobre ti", e ele desperta do sono, removendo num só movimento a estaca e a teia.

Assim, no que parecia antes uma brincadeira de amantes, mas que aos poucos vai se misturando com uma gota de amargura, ele se entrega a Dalila, aos inimigos e às cordas. E aqui cabe assinalar que a história da vida de Sansão é toda entremeada de nós e de cordas: há raposas ligadas, cordas novas que os habitantes de Judá usam para amarrá-lo, cordas úmidas e tranças urdidas em teia, e seguidas vezes aparece o entusiasmo de Sansão em ligar e ser ligado — e também ser amarrado —; podemos pensar nessa trama de fios, nessa rede enrolada, e imaginar: de quantas cordas uma pessoa precisa para substituir um cordão umbilical que não foi trançado como se deve?

Três vezes Dalila exclama: "Sansão, os filisteus estão sobre ti", e ainda assim, uma vez após a outra, ele afasta, ao que parece, a suspeita em relação ao que Dalila está armando, e continua a participar do plano transparente dela. Cada vez mais Sansão é chamado a saber que ela usa as suas respostas para tentar atingi-lo, mas ele não protesta nem a acusa.[27]

Logicamente, porém, ele não é seduzido apenas pela traição de Dalila, mas também pela emboscada armada no quarto, o tempo todo. O estranho sempre oculto no fundo, que de algum modo deve estar lá para completar, nas profundezas da alma de Sansão, o quadro fundamental de sua vida, no momento em que foi literalmente sabotado no útero: mãe, criança, estranho.

E então, depois que Dalila o incomoda e coage diariamente, ele "caiu num desfalecimento mortal".

Não há outra passagem na Bíblia em que apareçam essas palavras. Chazal* encontraram uma explicação original à grande angústia de Sansão, e se basearam no comportamento de Dalila, que, "ao terminar a cópula, afastou-se dele".[28] Não há dúvida de que um ato ofensivo como esse pode deixar um homem desgostoso com a vida, e apesar disso a expressão única na Bíblia fortalece o sentimento de que é preciso buscar uma causa adicional para entender o comportamento de Sansão em relação a Dalila.

Podemos ver isso também de outra forma: a invasão violenta de Dalila ao bater na porta de Sansão, essa sua investigação incansável — "Em que consiste esta tua tão grande força, e que coisa haverá com a qual estando tu ligado não possas escapar-te?", em outras palavras: qual é o teu segredo, quem és na verdade, que *pessoa* tu és por trás do teu segredo, e que pessoa serás sem esse segredo? —, despertou em Sansão um sentimento que nenhuma outra mulher havia conseguido. Pois, apesar de ele suspeitar dos motivos de Dalila, ela foi, na verdade, a única mulher que lhe perguntou a res-

---

* Chazal: iniciais de *Chachameinu zichronam livrachá* ["Nossos sábios, bem lembrados sejam"]. (N. T.)

peito da grande e essencial questão da sua vida: a única que soube fazer a pergunta certa, pedindo assim que ele lhe entregasse as chaves do seu segredo, no qual outras mulheres não estavam interessadas e que talvez até temessem. E por isso, em meio à agitação de sentimentos conflitantes e confusos que ela provocou em Sansão, é possível que uma leve esperança tenha se esboçado nele, de que Dalila fosse aquela que conseguiria extrair alguma resposta, alguma solução do enigma, submersa nele tão profundamente que nem o próprio Sansão conseguia entender por completo.

Pode ser que em algum lugar no âmago da sua alma, sob os montes de músculos, uma voz lhe tenha dito que a persistência de Dalila conseguiria salvar de dentro dele algum "eu" que ele não poderia salvar por nenhum outro caminho. Um "eu" que deseja muito ser salvo, entregar-se, remover tudo o que separa e bloqueia o seu acesso ao mundo. Descarregar o peso do mistério, o enigma e também o estranhamento maldito, ser finalmente "como todos os homens", e talvez assim Sansão pudesse decifrar a si mesmo.

Pois já percebemos que sempre paira em volta de Sansão um sentimento desagradável, um enigma inadequado e dissonante entre o destino divino, sagrado, e seu caráter e personalidade terrenos, materiais, verdadeiramente "carnais" (e não raro também infantis). Às vezes fica claro para o leitor que o próprio Sansão não se conhece por completo, e não entende a função que cumpre em sua própria história. Mas pode ser também — e esse é um pensamento verdadeiramente incômodo — que Deus, *desde o início*, não estivesse completamente interessado em que Sansão soubesse quem é de verdade debaixo do manto do seu destino, nem que função cumpre na história, nem que instrumento representa nas mãos de Deus (e de repente parece que esse "uso" que Deus faz dele é justamente o segredo da interpretação do nome de Sansão).*

E se é assim, revela-se aqui Sansão em toda a sua desgraça. Um homem solitário, sempre oprimido, submisso nas mãos de Deus, que o escolheu para uma tarefa para a qual ele não é adequado — a salvação de Israel —, com caráter e personalidade fracos demais para as suas exigências, e que tudo o que consegue fazer é apenas complicar-se seguidamente com brigas de natureza pessoal com os inimigos de Israel, por isso mesmo colocando em perigo os filhos do seu povo, enfraquecendo-os e desapontando-os, e também a Deus, que instituiu o seu destino.

Então fica parecendo que toda a essência física de Sansão não é nada mais que um imenso conjunto de músculos que se entrelaçaram até que passaram a ser como enormes portas de ferro, "portões de uma cidade", destinados a defender a frágil, vulnerável e humana semente interna; ou talvez destinados exata-

---

* O nome hebraico Shimshon tem o mesmo radical do verbo "usar". (N. T.)

mente a impedir a irrupção dessa semente, que precisava muito se revelar, se salvar, ser finalmente "como todos os homens".

E como pode um homem se salvar? Qual é o caminho mais natural e desejado para que um homem consiga abrir um pouco as portas que o bloqueiam e o sufocam, e possibilitar que a semente vulnerável se revele, entregar-se e talvez também ser aceito?

"*Amou* uma mulher."

Talvez essa única palavra contenha a pequena, ousada, humana e impossível revolta de Sansão diante do uso que Deus faz dele. Pois, como é sabido, para que Sansão concretize o seu destino e atinja os filisteus, Deus não exige que ele se apaixone de verdade por uma mulher filistéia. Para isso, basta uma meretriz, ou uma mulher que "agradou aos seus olhos".

Mas se de fato a relação com Dalila desperta em Sansão alguma coisa completamente nova — que não seja destinada apenas a satisfazer a necessidade compulsiva de ser traído e vivenciar uma intimidade presenciada por estranhos que a manipulam para atender a seus propósitos —, aqui, pela primeira vez na vida, Sansão exerce o livre-arbítrio por meio da liberdade superior que tem como ser humano — e não como instrumento nas mãos de Deus —, a saber, a liberdade do sentir, a liberdade de amar.

E se houve aqui um amor verdadeiro de sua parte e uma leve e pequena esperança, pode-se supor (hipótese que talvez seja apenas um desejo) que seguidamente Sansão permite que Dalila o engane, porque *ele espera estar enganado*; espera que, ao abrir os olhos desta vez, se encontre sozinho no quarto com a amada, sem a emboscada que ali permanece. A emboscada, que Sansão nem precisa ver com os próprios olhos para sentir sua eterna presença.

E então, depois de Dalila dizer pela terceira vez "Sansão, os filisteus estão sobre ti", ele já entende, sem dúvida e sem nenhuma possibilidade de ilusão, que aqui não há amor. Que a mulher amada, a única que ele já amou, não lhe dará aquilo de que ele precisa mais do que tudo. Que o destino que lhe foi imposto no ventre da mãe o perseguirá sempre, também nos lugares mais íntimos; e o que é pior: que ele não tem nenhum meio de se revoltar contra esse destino, e por isso, ao que parece, tampouco não terá outro amor na vida.

Pode ser então que tenha sido por causa disso tudo, mais do que por qualquer outro motivo, que ele "caiu num desfalecimento mortal".

E com palavras simples, como se durante toda a vida estivesse esperando por esse momento, ele revela a Dalila o seu segredo. Não só o segredo, mas "todo o seu coração". Por três vezes essa expressão volta em dois versículos. E o que significa "todo o seu coração"? "Sobre a minha cabeça nunca passou navalha, porque sou nazireu, isto é, consagrado a Deus desde o ventre de minha mãe; se me for rapada a cabeça, ir-se-á de mim a minha força, e eu desfalecerei, e serei como os outros homens." Aí está: Sansão revelou a ela todo o seu coração.

E quando se ouve de sua boca o segredo, e quando se aprende que esse segredo era "todo o seu coração", vem a idéia de que talvez não fosse somente esse o conteúdo do segredo tão importante para Sansão, mas também o fato evidente de que ele tinha um segredo. Isso significa que pode ser que o segredo fosse vital para Sansão, não apenas por ser um tipo de "segredo militar", mas por ser só dele, e ninguém mais (além de sua mãe) saber a respeito; seu território mais íntimo, que não foi contaminado por estranhos nem pelo excessivo caráter público de sua vida.

Dalila sente logo que desta vez ele não está zombando dela. É visível que as palavras são verdadeiras; ela chama os príncipes dos filisteus e informa que então havia chegado à raiz do segredo. Eles sentem pela voz dela que desta vez a coisa aconteceu. Novamente sobem até o quarto, e trazem com eles a riqueza em prata que prometeram como suborno.

Esse é, claro, um momento de teste para a própria Dalila: não há dúvida de que quando os príncipes dos filisteus lhe disseram "Engana-o, e sabe dele donde lhe vem tanta força", ela ouviu nessas palavras o eco do desafio que se apresenta aqui à força de sua atração como mulher (supostamente: e sabe donde vem a *tua* força). A capacidade de Sansão resistir aos encantos de Dalila põe em dúvida a qualidade básica da força de sedução dela, e é possível que nela própria tenham despertado — talvez pela primeira vez na vida — dúvidas quanto à eficácia da sua feminilidade. Os príncipes dos filisteus começaram, com certeza, a se espantar com o longo atraso, e talvez até mesmo o inimigo no quarto, que seguidamente testemunhou as decepções de Dalila, tenha expressado alguma coisa no olhar. Não é difícil, portanto, supor que o jogo erótico entre Sansão e Dalila vai ficando cada vez mais carregado e tenso também para ela, e, quanto mais ela fracassa, mais cresce seu envolvimento.

E assim, se nas duas primeiras tentativas Dalila se dirige com uma contenção admirável a Sansão, ludibriado por ela, e quase é possível ver seus lábios se fechando com irritação ao dizer "Eis que zombaste de mim, e não disseste a verdade", após o terceiro fracasso irrompe de dentro dela uma espécie de profundo clamor, pessoal, feminino: "Como dizes tu que me amas quando o teu coração não está comigo?". Ela joga toda a sua raiva e humilhação nele, mas também — talvez sem saber — palavras que captam a verdadeira essência da estranheza de Sansão, e que não vêm apenas dela: "o teu coração não está comigo [...]".

Talvez essa seja a frase que ela repetiu no ouvido de Sansão nos dias que se seguiram, "durante muitos dias", e com essa frase ela pode ter cutucado sua ferida mais profunda, a ferida da sua estranheza; e ela repetia e fazia ecoar a frase no espaço vazio e aberto entre "o coração dele" e os que ele amava; e talvez com isso "o importunasse" tanto, até que "desmaiou (*enfim*) o ânimo de Sansão, e caiu num desfalecimento mortal".

É possível que tenha sido assim. E que por causa disso — e não por outro motivo — ele tenha revelado por fim "o seu coração", nada menos que o coração que ela acusou de estranheza e decepção; tudo o que ocultou, conteve e acumulou dentro de si durante muitos anos. De uma só vez revelou, com o esbanjamento repentino, ligeiro e louco que ataca às vezes justamente avarentos confessos; com a ingenuidade tola de quem acredita que entregando a alguém todo o seu coração de uma só vez, como uma transfusão instantânea, conseguirá vivenciar finalmente um sentimento de verdadeira intimidade.

Quando os príncipes dos filisteus chegam, Sansão já está dormindo. "E ela fê-lo adormecer sobre os seus joelhos", está escrito, e já dissemos que um momento antes de Dalila cortar os cabelos de Sansão, ele ficou como um bebê. Nesse instante, é como se ele estivesse voltando à origem, enrolado numa posição quase fetal nos joelhos da "mãe".

Os olhos de Sansão estão fechados, mas sob suas pálpebras é possível que esteja se conduzindo uma caravana de lembranças e visões, uma longa jornada, agitada e oprimida, e que Sansão caminhe, passo a passo, ao lugar onde tudo começou, onde também tudo começou a se deformar — mãe, filho, traição.

E aqui é possível encontrar uma resposta qualquer para a pergunta que se fez antes — por que Sansão quer repetir seguidamente o sentimento mais destrutivo que vivenciou algum dia, sentimento que lhe envenenou a vida desde o início? Em outras palavras, por que as pessoas retornam, não raro, justamente às experiências destrutivas, e repetem durante toda a vida uma série de relações deformadas e situações de fracasso que despertam os piores e mais nocivos sentimentos?

Não será — entre outros motivos — porque justamente ali, no coração do sentimento de ofensa, estranheza e incompreensão, a pessoa sente que é "ela mesma", "de verdade", quer dizer, como era nas raízes da vida, no início do início? Lá talvez a tenham abraçado e envolvido com amor e calor; lá a adormeceram embalando-a agradavelmente sobre o peito ou sobre o joelho, mas lá também lhe fizeram — não exatamente com má intenção — a primeira queimadura, a maior, que a marcou com a consciência da estranheza existencial, o amargo sentimento de ser acidental e estranha, de certa forma, até mesmo na sua biografia particular e íntima.

Lá, naquele lugar, a mãe de Sansão disse as terríveis palavras "até o dia da sua morte", ou qualquer outra frase drástica que pais dizem, às vezes inadvertidamente, sobre os filhos. Lá marcaram sua sentença, para toda a vida, e justamente por isso, ao que parece, para lá ele deve voltar, porque é lá que ocorre o triste e original drama de sua existência. Lá, estranhamente, arde nele o sentimento de vida mesmo quando ele queima cada vez mais. Lá também, dentro de nós, arde triste a chama eterna da consciência do ser, do reconhecimento de nós mesmos como homens e mulheres que são, em última instância, pessoas separadas e isoladas, misteriosas e até "incognoscíveis" para os outros — talvez até para nós mesmos — e portanto também eternamente sozinhas.

Sansão dorme, esgotado. Pode ser que um alívio inesperado o tenha invadido após revelar o seu segredo, e que ele já não precise enrijecer os músculos para proteger-se. Sua jornada terminou. Nesse instante ele pode ser como todos os homens. "Ir-se-á de mim a minha força", ele explicara um momento antes a Dalila, "e eu desfalecerei, e serei como os outros homens?"

"Como os outros homens", ele disse. Mas antes, no instante em que Dalila o amarrou, Sansão disse — duas vezes — "como um homem" como se buscasse ainda, sem saber, obter alguma individualidade. Nesse instante ele desiste também desse desejo, e revela como poderá ser "como os outros homens", e sente pela primeira vez o sabor dessa composição de palavras.

Talvez, na verdade, não seja uma doença ser como todos os homens. Talvez isso seja o que Sansão desejou em segredo durante toda a sua vida. E assim também, no poema "O amor de Sansão", de Lea Goldberg:

> [...] *E talvez nem ele soubesse*
> *que a sua sentença era de nazireu e sonhador,*
> *porque simples como a solução de um enigma*
> *seu coração se rompeu no peito.*[29]

Dalila chama "o homem" — ao que parece era o homem que estava de emboscada esperando no quarto —, mas é ela própria, e não "o homem", que corta as sete tranças do Sansão adormecido. Talvez ela faça isso para suavizar um pouco a humilhação de Sansão ao ter os cabelos cortados por estranhos. Talvez com isso o esteja humilhando ainda mais. E talvez essa seja a sua forma de se despedir dele e vivenciar assim, mais uma vez, na essência de uma ação, os sentimentos excitantes que fluíram entre eles. De uma distância de milhares de anos é possível imaginar a expressão dela cheia de raiva, no instante em que está mergulhada nessa ação, que contém um toque erótico de um lado e um simbolismo de castração de outro; e talvez também um sorriso discreto de mulher cujos encantos não falharam.

A força de Sansão já se retira, mas ele ainda dorme, e não sabe disso. Ela começa a provocá-lo; grita mais uma vez, a quarta: "Sansão, os filisteus estão sobre ti". Ele desperta do sono e diz a si mesmo: "Sairei como antes fiz, e me desembaraçarei deles". Ele retesa os músculos como fez nas vezes anteriores, e então descobre que "o Senhor se tinha retirado dele".

Os filisteus que estão no quarto logo furam seus olhos. Olhos alertas, ardentes, ambiciosos, incansáveis. "Sansão foi atrás dos seus olhos", disseram Chazal, "por isso os filisteus os furaram."[30] Assim como arrancou os portões de Gaza, eles arrancam nesse instante os portões de seu rosto e de sua alma. Quem poderá imaginar o que se passa com Sansão nesses momentos? Pode-se apenas supor que não é só a dor física dos olhos furados que o acomete, nem só a dor da traição da sua amada: nesse instante Sansão é tomado por um sentimento que ele tem pela primeira vez desde que o espírito de Deus o inspirou na juventude: sua grande força não está mais com ele. O corpo não responde mais como antes. Até o corpo nesse instante é estranho, até o corpo o trai.

Com os olhos furados, preso por duas correntes de cobre, é levado a Gaza pelos filisteus, que ali o escravizam, no moinho da prisão. Agora, enquanto passa dias inteiros andando em círculos infinitos em volta da pedra amoladeira, enquanto está todo ele dirigido para dentro de si mesmo, é possível que veja o que não viu quando enxergava. Toda a trama da sua vida, o decreto do destino, que o moveu sem possibilidade de escolha ou protesto, sem nenhum momento de tranqüilidade.

Girando e moendo, sem o seu segredo especial, sem o esplendor do nazirato, mas também sem nenhuma força sobre-humana ou que não seja somente a de seus músculos. Na confusão dos dias ele aprende quais são os limites de sua força e talvez também sua autêntica essência, libertada do grande sopro que lhe foi inspirado pelo imenso e cruel "espírito do Senhor". Pode ser que por alguns momentos ele até sinta o prazer de um "eu" mais simples, sofrido, objetivamente humano, que lhe foi roubado ainda antes de nascer.

(E é possível que ele tenha se sentido um pouco aliviado quando Dalila tirou o peso das sete longas tranças que jamais foram cortadas, que caíam como uma cascata sobre o rosto e em volta do corpo, elas que, sem dúvida, também o separavam do mundo inteiro.)

Assim passavam os dias. O cabelo cortado começa a crescer e a força a voltar. No sentido literal da história, Sansão está mergulhado no trabalho da moagem. Se é assim, pode ser que a atividade da moagem tivesse para ele um sentido completamente diferente: o radical T-CH-N* em hebraico tem também um significado claramente sexual, que já aparece no livro de Jó: "Seja minha mulher desonrada por outro, e prostitua-se à paixão de outros";[31] e é ainda uma gíria israelense das mais atuais e vulgares. Pode ser que seja essa a origem das lendas que surgiram ao longo dos anos sobre a forma como Sansão passou seus últimos dias: o Talmude conta "que cada homem levava para ele na prisão a sua mulher para que engravidasse dele".[32] Essa possibilidade, excitante à primeira vista, se apresenta rapidamente como mais uma forma de humilhação e rebaixamento de Sansão à condição de besta reprodutora. No final das contas, há aqui mais uma grotesca extensão da grande maldição da sua vida, a maldição da estranheza.

Um dia o retiram da prisão e o conduzem a uma multidão exultante. Os príncipes dos filisteus se reúnem para oferecer um grande sacrifício aos seus deu-

---

* Radical hebraico do verbo "moer". (N. T.)

ses e regozijar por Dagão ter entregado Sansão em suas mãos. Sansão pára diante deles. Eles o observam com assombro. Nota-se que mesmo abatido ele desperta a impressão de uma força da natureza, e então eles louvam ainda mais a Dagão por tê-lo vencido.

Depois de se nutrirem com a sua imagem, ele é levado de volta à prisão, e os filisteus continuam a festejar. E então, na alegria do banquete, exigem que Sansão apareça de novo "para que os divertisse". Novamente o trazem da prisão. "Os divertia." Aqui também há quem interprete como uma apresentação de caráter sexual, pois, como se sabe, o radical TZ-CH-N* não raro é usado na Bíblia para descrever o ato sexual;[33] de qualquer forma, não há dúvida de que lá Sansão foi humilhado e ridicularizado aos olhos dos filisteus em festa.

Ele ouve o júbilo dos filisteus, mas não pode ver nada. É o único filho de Israel entre três mil filisteus, homens e mulheres, "vendo Sansão que os divertia". Apenas um rapaz está ao seu lado, segurando a sua mão e o conduzindo. Em determinado momento ele se acha parado entre as colunas de apoio da casa. Sansão, guerreiro inveterado, identifica imediatamente a oportunidade que se apresentou. Ele pede ao rapaz que coloque as suas mãos nas colunas. "Deixe que eu toque as colunas", diz, e esse verbo estranho e raro — "tocar" — tem um atributo de afago, quente e concreto, em assusta-

---

* Radical hebraico do verbo "rir". (N. T.)

dora oposição ao que Sansão está para fazer. O jovem coloca as suas mãos e o "faz tocar" nas colunas. Os dedos de Sansão tocam nesse instante o mundo pela última vez e se despedem do sentimento do toque propriamente dito, tão essencial para ele, e talvez também se lembrem assim de tudo o que alguma vez o tocou, homens, mulheres, leão, raposas, mel, cordas, rochedo, queixada de jumento, fonte, meretriz, portões da cidade, Dalila.

"Senhor Deus", clama Sansão com amargura, "lembra-te de mim, e torna-me a dar agora a minha primeira força, ó Deus meu, para me vingar dos meus inimigos, e fazer pagar duma só vez a perda dos meus dois olhos" — esse é um clamor estremecido de quem sabe que Deus o abandonou, e de quem já entende que fracassou e decepcionou a concretização do grande destino que lhe foi designado. Por três nomes diferentes Sansão se dirige a Deus nesse momento: "Senhor", "Jeová" e "Deus".* É como se tentasse entrar no coração de Deus através de cada um dos seus portões, e chegar ao lugar onde lhe será aberta a janela para o Deus mais pessoal e íntimo, aquele que o escolheu e o tomou para si ainda no ventre, aquele cujo espírito inspirou Sansão a vida inteira. Ele, é claro, não sabe se Deus responderá desta

---

* No original: Adonai, YHWH (o nome impronunciável de Deus, que, segundo a tradição judaica, deve ser lido pronunciando-se apenas os nomes das letras: *yod-he-vav-he*) e Elohim. (N. T.)

vez à sua oração, como fez no rochedo de Etão, quando Sansão quase morreu de sede. Pois a vivência muito mais recente é justamente o momento em que disse a si mesmo: "Sairei como antes fiz", e descobriu, para a sua desgraça, que Dalila cortara seu cabelo e debilitara sua força, e que Deus se retirara dele.

Numa mistura de incerteza, desespero e esperança, ele agarra com toda a força as colunas, segura uma à direita e a outra à esquerda, as "duas colunas em que a casa se sustinha". O que se passa com ele nesse instante, antes da sua morte? Será que o toque nas duas colunas o faz lembrar-se dos pais, do pai e da mãe, e com isso vem-lhe também a dor antiga, constante, por não terem jamais sido pai e mãe de verdade? Talvez esteja brotando nele a compreensão de que de fato eles sempre foram dois, e que entre os dois ele se apresentou, ou desejou se apresentar e abraçá-los, dois e apenas dois, sem nenhuma presença estranha: entre as colunas daquela casa, ou duas raposas com uma tocha ardendo no meio, ou dois batentes dos portões da cidade de Gaza (pois até mesmo em relação à queixada de jumento com a qual golpeou os filisteus, Sansão agradeceu duplamente — "Com a queixada dum jumento os (*inimigos*) derrotei; com a mandíbula dum jumento mil homens matei").

Ele provocou a própria morte dentro de uma casa. Ele, que desde o nascimento foi exilado de qualquer casa, e até do ventre materno; que teve toda a sua vida particular confiscada; que jamais teve uma casa sua, e que não pertencia, de verdade, nem ao povo de onde vinha, nem ao povo ao qual seus instintos o conduziram. Ele, que se deitou com muitas mulheres mas não teve sequer um filho seu; ele, cujo cordão umbilical aparentemente foi cortado nas duas pontas — nesse instante ele se encontra dentro de uma casa "apoiada sobre" — *nachon*, em hebraico — duas colunas. Mas *nachon* também significa "próprio"; que irônico: finalmente uma casa própria, um lar.

"Senhor Deus", exclama Sansão, o cego, "lembra-te de mim, e torna-me a dar agora a minha primeira força [...]" Ele empurra com vigor as colunas e só então, quando elas começam a rachar e se mover, entende que Deus com certeza não o abandonou. Ele põe abaixo a casa sobre os príncipes e sobre todo o povo que está ali. "E foram muito mais os que matou ao morrer", está escrito, "do que os que matara antes quando vivo". Na caixa de ressonância do nosso próprio tempo e lugar não há como escapar da idéia de que Sansão foi, de certa forma, o primeiro assassino suicida; e apesar de as circunstâncias de seu ato serem diferentes daquelas que conhecemos na realidade cotidiana das ruas de Israel, pode ser que a essência desse ato tenha formulado na consciência humana a mesma forma de assassinato e vingança contra inocentes, que tanto se aperfeiçoou nos últimos anos.[34]

E só após a sua morte o levam, de verdade, para casa. "E, vindo seus irmãos e toda a sua parentela, tomaram o seu corpo, e sepultaram-no entre Saraa e Estaol, no sepulcro de seu pai Manué." E não há como saber verdadeiramente se "seus irmãos" eram irmãos de fato que nasceram dos pais depois dele, ou se eram outros parentes, e talvez fossem só pessoas da tribo. Mas nota-se que toda a grande família volta e o envolve agora, somente agora. Eles o fazem com piedade e preocupação, vão até ele, trazem-no e o enterram no lugar onde Sansão encontrará, finalmente, a paz.

Sansão morreu. Por um momento reina o silêncio, e de dentro desse silêncio surge uma reflexão que talvez não por acaso fez os intérpretes explicarem a expressão "pulsar nele" — em referência à força miraculosa de Sansão — com a imagem de um "sino", e descreverem como a presença divina "soava diante dele como um sino".[35] Porque, realmente, é como se o som do sino que tocava em Sansão desde o momento em que o espírito do Senhor começou a pulsar nele se calasse. Durante a sua vida Sansão parecia um gigantesco sino, um sino nas mãos da Providência divina, que batia e soava nele de acordo com a sua vontade, numa estranha mistura de sons, que às vezes lembravam a canção de um artista, mas na maior parte das vezes um ruído agitado, dissonante e violento. Um pobre sino, movido à força e sem parar, cujos ecos se estenderam e foram soar da tribo de Dan até as cidades filistéias.

Mas antes de se calar, no momento em que ficou gravado na memória, na consciência, no mito e na arte, Sansão abraçou as duas colunas de sustentação e derrubou tudo, as colunas, a casa, os filisteus, a si mesmo.

E num último instante — como em cada uma das façanhas ousadas de Sansão — tudo se condensa em uma fala clara e penetrante: Morra a minha alma como sempre viveu. Sem ninguém verdadeiramente próximo, solitária, entre estranhos que sem cessar tentaram atingi-la, humilhá-la, traí-la. Morra eu com os filisteus.

Janeiro de 2003

Agradecimentos

A Rivka Miriam e Iehuda Ben-Dor, meus companheiros de Chavruta.*
Ao dr. Iehuda Dagan, arqueólogo.
A Amós Ianun.

---

* Método rabínico de estudo que consiste em debate entre duas ou três pessoas. (N. T.)

Notas

1. A Bíblia, como se sabe, apresenta a história de Sansão mais como um "drama de destino", e menos como um "drama de caráter"; não obstante, o modo de formação dos heróis da narrativa, e, principalmente, de Sansão, não pode deixar de levar o leitor do nosso tempo — provido dos modelos e das sensibilidades que recebe de sua época — exatamente para os pontos do encontro, do conflito e da interação entre "destino" e "caráter". Além disso, à medida que a narrativa se desenvolve, vai ficando claro que talvez exatamente o caráter de Sansão seja o fator que o impede de concretizar o destino que lhe foi designado.

2. Vladimir (Zeev) Jabotinsky (1880-1940) foi um líder sionista nascido na Rússia, cujo romance *Sansão* foi serializado pelo jornal sionista *Razsvet*, publicado na forma de livro em 1926 e traduzido para o inglês em 1930. O livro serviu de base para o filme *Sansão e Dalila*, dirigido em 1949 por Cecil B. DeMille.

3. Berachot.

4. Yair Zakovitch, no livro *A vida de Sansão*, assinala que Manué chama aqui sua mulher de "a mulher", denominação que contém certa alienação, talvez proveniente da suspeita; também Adão, ao se

mostrar hostil com Eva quando ela o seduziu a comer do fruto da Árvore do Conhecimento, diz a Deus: "A mulher, que me deste por companheira, deu-me da árvore, e comi" (Gênesis 3, 12). Nesse contexto, destacaremos que Flávio Josefo (*Antigüidades judaicas*) estabelece que Manué "amava sua mulher até a loucura e tinha um ciúme desmedido dela devido a esse amor" (Livro cinco, p. 171).

5. Zakovitch (p. 70) assinala que a leitura do nome Sansão não vem acompanhada do significado da palavra, fenômeno raro na Bíblia. Ele atribui isso ao fato de o narrador bíblico ter tentado evitar qualquer relação entre Sansão e o sol, uma associação com forte conotação pagã.

6. Sota.

7. Livro cinco.

8. Sota.

9. Sota.

10. Zohar 1,194a.

11. O nome da cidade é, ao que parece, Tamna (Josué 15, 10 e Crônicas 2, 28, 18). Se bem que em Josué 19, 43 aparece o nome Tamnata. É possível que a forma gramatical com o uso do sufixo para indicação de lugar tenha estabelecido definitivamente o nome da cidade.

12. Nas fontes judaicas há uma relação ambivalente no tocante ao fenômeno do nazirato. Há quem tenha visto nele um nível espiritual elevado, que nem todos conseguem alcançar. Assim é, por exemplo, no profeta Amós: "E, entre os vossos filhos, suscitei profetas, e, entre os vossos jovens, suscitei nazireus" (Amós 2, 11), e no Talmude, em rabi Eleazar (Talmude Babilônico, Taanit); e há quem tenha visto no nazirato uma grave transgressão pelo martírio e isolamento das oportunidades da vida: por exemplo, rabi Shimon Bar Iochai (Talmude de Jerusalém, Nazireu), e também o amoraíta Samuel e rabi Eleazar Hakapar, primo de rabi, o codificador da Mishná (Taanit).

13. Samuel 1, 13, 19.

14. É interessante lembrar, em relação a isso, a teoria de Ygal Yadin, segundo a qual é possível que a tribo de Dan tivesse algu-

ma relação com a tribo Danai, que pertencia aos povos do mar, e talvez até alguma identificação com ela; e segundo a qual a tribo de Dan foi estabelecida com bastante dificuldade como uma das tribos de Israel.

15. Gênesis 49, 16, 18.

16. Reis I, 10, 27.

17. Segundo interpretação de Malbim em *Sentença dos Juízes*: "Ao que parece, era o tempo das primícias das uvas, e ao chegarem na direção dos vinhedos, Sansão contornou o caminho para cumprir a norma do nazirato".

18. As abelhas, como se sabe, têm o olfato muito desenvolvido, e não é possível que elas tenham se instalado no cadáver antes, mas só depois que o cheiro da podridão se dispersou inteiramente, tendo sobrado apenas a carcaça seca. Essa observação fortalece a hipótese de que desde a luta de Sansão com o leão até o seu retorno a Tamnata se passou um ano (segundo Chaim Shmueli, em *A charada de Sansão*, p. 58).

19. Linda Grant, no artigo "Jews behaving badly", refere-se a Sansão, comparando-o ao golem de Praga. O golem — segundo a lenda judaica — foi criado por Maharal de Praga. Para lutar contra os inimigos de Israel, Maharal criou um "golem" de barro. Quando Maharal introduzia na boca do golem um bilhete contendo a inscrição do nome de Deus, um sopro de vida o invadia, e ele fazia a Sua vontade. Segundo essa comparação, nota-se que o bilhete era um tipo de materialização do mesmo "espírito do Senhor" que pulsava em Sansão.

20. Gênesis 2, 24.

21. A idéia da necessidade compulsiva de Sansão de ser traído por mulheres foi tratada e explorada profundamente pelo psiquiatra dr. Ilan Kutz, no artigo "O complexo de Sansão", no qual ele interpreta a "perturbação comportamental" — como definiu — do Sansão bíblico. Segundo Kutz, "o fundamento dessa perturbação consiste na sua necessidade inconsciente de repetir sempre, no pensamento e na ação, a experiência de ser traído por mulheres. Experiência acompanhada por destrutivos ataques de fúria contra os outros, mas que, no final das contas, se volta contra a atormen-

tada realidade do próprio herói". Kutz enfatiza o comportamento problemático da mãe como a origem da perturbação psicológica de Sansão: "Entre aceitarmos a identidade do estranho como um anjo enviado e suspeitarmos das explicações mais prosaicas, que podem sugerir indiretamente um problema de relacionamento entre os pais, é possível supor que rumores e cochichos envolvessem as circunstâncias do nascimento especial. Pode ser [...] que o nascimento de Sansão estivesse carregado de um sentimento de profunda vergonha no que se refere ao comportamento de sua mãe e à identidade (biológica ou emocional) incerta de seu pai".

22. Rainer Maria Rilke, *Cartas a um jovem poeta*, p. 40.

23. Crônicas II 11, 6.

24. Apesar de na cidade de Gaza existir uma colina chamada atualmente pelos habitantes de "Túmulo de Sansão".

25. Um resumo que contém as representações do personagem Sansão na arte e na cultura mundial pode ser encontrado no livro *As tranças de Sansão*, de David Fishelov.

26. Ver observação de Kutz em "O complexo de Sansão".

27. Kutz, que em "O complexo de Sansão" enfatiza o desejo autodestrutivo de Sansão, vê da seguinte forma: "De fato aqui se trata de um pacto suicida entre os dois heróis, não escrito nem dito, mas muito concreto. Sansão e Dalila rodam na dança da morte. E se Dalila é quem conduz Sansão ao local da traição assassina de maneira tão explícita e consciente, é Sansão quem dirige Dalila na sua dança oculta e inconsciente. Pode-se até mesmo afirmar que Sansão, nos seus atos impressionantes, examina bem a parceira na dança da morte antes de deixar na mão dela a execução do plano assassino".

28. Sota.

29. "O amor de Sansão", poema de Lea Goldberg publicado na coletânea *Barak ba-boker*, p. 112.

30. Sota.

31. Jó 31, 10.

32. Sota.

33. Assim, por exemplo, como disse a mulher de Putifar, que

caluniou José, "chamou a si a gente da casa, e disse-lhes: Vede, trouxe-nos este homem hebreu para zombar de nós. Veio ter comigo para me seduzir" (Gênesis 39, 14).

34. Rabi Saadia Gaon, no livro *Crenças e opiniões*, aponta para os danos que o desejo de vingança traz à pessoa que se entrega a ele, e também às vítimas da vingança. Saadia Gaon usa o último ato de Sansão como exemplo de vingança especialmente radical e destrutiva. Em fontes interpretativas e de Chazal não há reprovação a essa última vingança de Sansão, apesar de sua agressividade ser interpretada às vezes negativamente.

35. Sota.

ESTA OBRA FOI COMPOSTA EM MINION POR OSMANE GARCIA FILHO E
IMPRESSA PELA RR DONNELLEY MOORE EM OFSETE SOBRE PAPEL PÓLEN BOLD DA
SUZANO PAPEL E CELULOSE PARA A EDITORA SCHWARCZ EM DEZEMBRO DE 2006